背部拉伸

人体解剖–肌肉锻炼–拉伸练习

（西）奥斯卡·莫伦　著
（西）伊莎贝尔·艾利卡巴拉　绘
邢金明　董鹏宇　译

北京体育大学出版社

策划编辑：力　歌
责任编辑：张　力
审稿编辑：苏丽敏
责任校对：罗乔欣

北京市版权局著作权合同登记号：01-2014-0249

图书在版编目（CIP）数据

背部拉伸/（西）奥斯卡 · 莫伦编著;邢金明,董鹏宇译.
--北京:北京体育大学出版社，2014.12
ISBN 978-7-5644-1825-0

Ⅰ. ①背… Ⅱ. ①奥… ②邢… ③董… Ⅲ. ①背－健身运动
Ⅳ. ①G883

中国版本图书馆CIP数据核字(2014)第303154号

（西）奥斯卡 · 莫伦　著
邢金明　董鹏宇　译

背部拉伸

出　　版　北京体育大学出版社
地　　址　北京海淀区信息路48号
邮　　编　100084
邮 购 部　北京体育大学出版社读者服务部　010-62989432
发 行 部　010-62989320
网　　址　http://cbs.bsu.edu.cn
印　　刷　北京瑞禾彩色印刷有限公司
开　　本　710×1000毫米　1/16
印　　张　6

2017年1月第1版第1次印刷　　5000册

定　价：26.00元

目 录
CONTENTS

1. 背部结构 …… 6
  1.1 位置 …… 6
  1.2 脊椎的结构 …… 6
  1.3 肌肉系统的结构 …… 9
  1.4 健康的背部 …… 12
2. 我如何锻炼背部：肌肉锻炼 …… 16
  2.1 姿态 …… 16
  2.2 热身 …… 16
  2.3 练习 …… 17
  2.4 肌肉训练的理论 …… 18
3. 我如何锻炼背部：拉伸练习 …… 25
  3.1 拉伸对背部的意义 …… 25
  3.2 热身 …… 25
  3.3 拉伸范围 …… 26
  3.4 对灵活性的理解和评估 …… 26
  3.5 有助于获得和保持良好体态的灵活性 …… 27
  3.6 肌肉拉伸的理论 …… 28

背部主要肌肉的解剖学导论 …… 70
所使用概念的目录 …… 88
练习目录 …… 93

前言

现代人的生活方式导致背部似乎成了我们身体中最脆弱的组成部分。而本书的目的是通过它所传递的训练方式使我们的背部保持健康，其中关键是背部肌肉群的两个核心特征：力量和灵活性，唯有如此，才能实现背部肌肉群的健康、强健和美观。

你想强健自己的背部肌肉群吗？你想让它看上去很漂亮吗？又或者你只想让自己的背部“有型”？不论你想实现哪一个目标，这本书都非常适合你，因为你在这里可以看到下面内容：

- 强健背部肌肉群的锻炼；
- 针对背部的拉伸训练；
- 肌肉训练的理论；
- 如何使用本书的建议和提示。

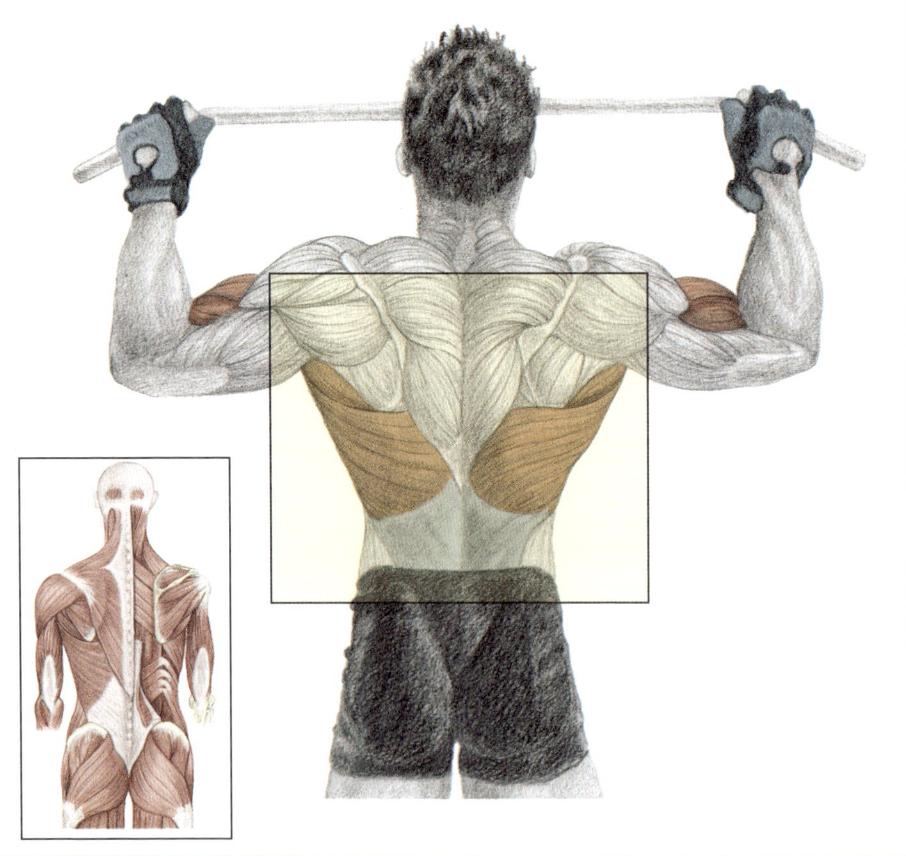

引言

这本书为何必要？

如今，几乎无人质疑适当的训练和均衡的营养是保持健康体魄和构建迷人线条的基础。准确地说，我们应该通过力量（肌肉）和拉伸训练（柔韧性）来构建自己的身体。而另两个重要的身体特征——速度和耐力——对于提高体育竞技水平而言既重要又必要，然而力量和拉伸训练首先能帮助我们：

- 从美学角度塑造体形；
- 预防受伤；
- 减少或避免肌肉-骨骼-系统中的伤痛；
- 增加日常生活中的灵活性；
- 提高体育竞技水平；
- 增强自信心。

总的来说，作者和出版社都将目光集中在人的身体结构上，并从中挖掘出很多重要的主题。作者和出版社已经出版了两本得到广泛认可的书：《肌肉训练百科》和《拉伸训练百科》。

现在，我们希望通过本书整合此前两本书中最好的内容并在此基础上着眼于到我们身体上最敏感的一个区域：背部。

为什么选择背部？

最主要的原因是人体的背部区域承担着两大功能——灵活性和稳定性，而这两大功能又彼此矛盾。一方面只有背部区域正常工作，人的身体才可能运动，例如跑、坐、起立、抓起或投掷物体等。另一方面稳定的背部是抬起头部和支撑躯干的必要条件，人的躯干是四肢的交叉点，是人身体的枢纽。

那些曾经饱受背部疼痛折磨的人一定都有过这样的经历，那就是每移动一下手臂或腿部，受伤背部就会产生针刺般的疼痛。因此背部健康并非如上文所述那么简单，而本书的动机也并非仅局限于此。人体的背部是由那些迷人的肌肉组织和神奇的骨骼系统组成的，因此它实际上决定着我们身体的外形是否美观。拥有强健和灵活的背部，我们才能更加自信地行走并保持端正的体态以及保证“目光朝向前方”。换句话说，想要变得美丽也是我们锻炼背部的重要原因之一。

躯干，也包括背部是我们四肢的枢纽。如果背部虚弱，我们就无法灵活有效地使用手臂和腿部。没有哪项运动可以脱离强健、灵活的背部。另外背部以及背部所包括的大大小小的肌肉群为躯干的其他部分提供了必要的保护。众所周知，很多背部肌肉，例如大圆肌和脊椎直接连接在一起并作为脊髓神经的外壳和保护罩，而脊髓神经是我们身体中的“数据传输通道”，所有神经信息都通过这一通道传输并控制着手臂和腿部的运动。难道这一项还不足以作为我们保护背部的理由么？

如果让最优秀的建筑设计师和工程师来设计一个能够整合上述所有特征，尤其是兼具柔韧性和稳定性的结构，即使他们对我们背部的结构一无所知，但可以确定的是，他们依然可以设计出一个极其类似于我们的脊椎以及包围脊椎肌肉群的解决方案。

1. 背部结构

如果想要训练我们的背部，首先需要认识它的结构。这一主题复杂到已经可以单独写本书了，所以我们在本书中只能关注几个对我们来说最重要的方面。

1.1 位置

背部是我们身体的后侧部分，从腰部向上直到肩部。换句话说，背部是指躯干的后部。这点非常重要，因为我们的这一概念不包括髋和肩。

1.2 脊椎的结构

人体中最神奇的部分就是脊柱，至少是脊椎的结构。它总共包括大约33块骨头：脊椎骨和椎间盘，以及骶骨和尾骨，其中骶骨的数目由于棘突的原因而无法确定。

一般人们按照如下说法区分脊椎的各部分：

- 颈椎：7块，灵活性强，但承重能力差。
- 胸椎：12块，与肋骨（costae）一起构成胸腔（thorax），用于保护身体中最重要的几个机构。恰恰是肋骨弱化了胸椎相对强的灵活性。
- 腰椎：5块，是脊椎中最大、抗压能力最强的椎骨。与其他椎骨相比，它承受着身体中最大的重量。
- 骶骨：5块彼此连接的椎骨起着支撑作用，以及同时包含内部器官的功能。
- 尾骨：3块或4块彼此连接的椎骨，构成脊椎的最下端。

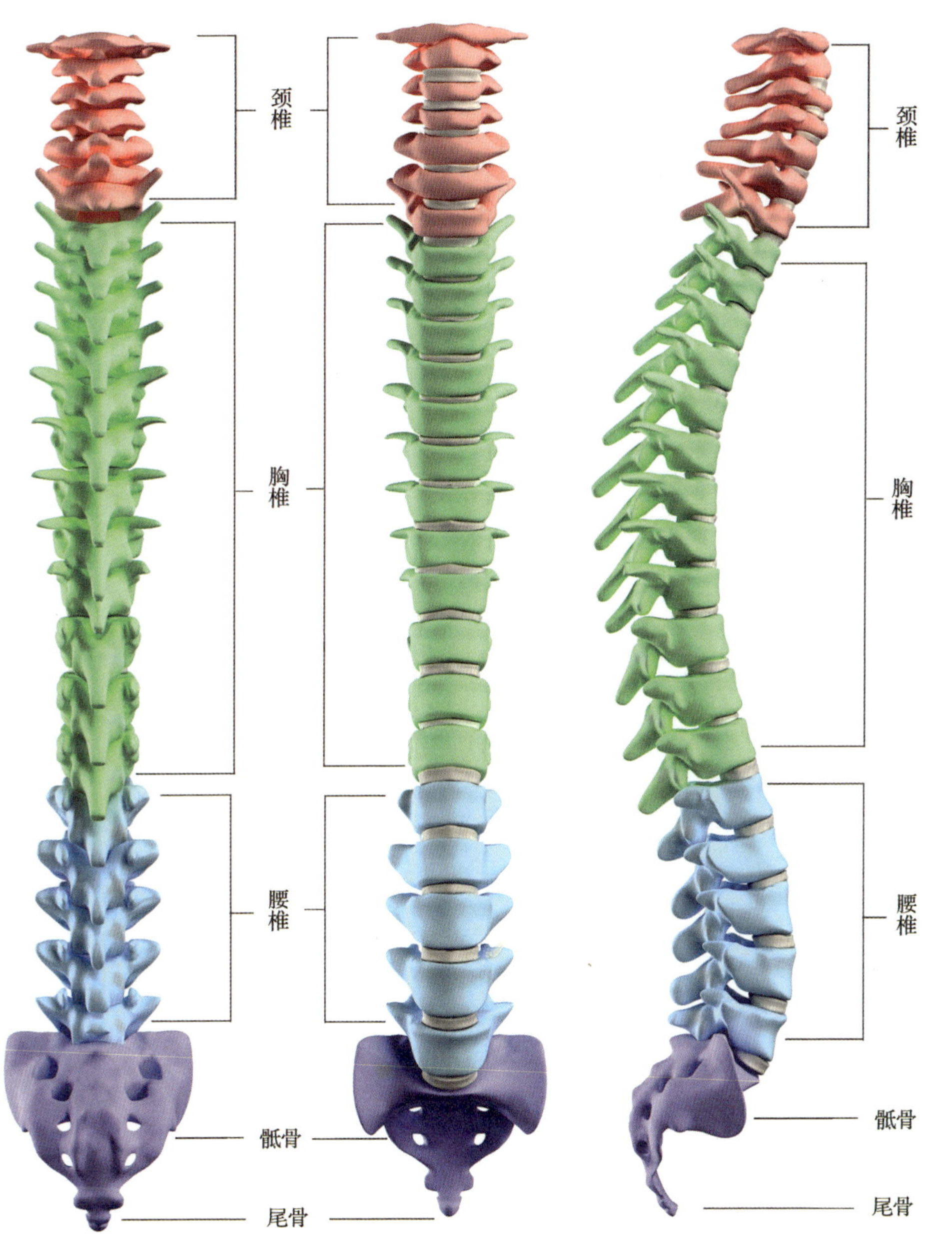
颈椎
胸椎
腰椎
骶骨
尾骨
颈椎
胸椎
腰椎
骶骨
尾骨
颈椎
胸椎
腰椎
骶骨
尾骨

脊椎的绝大部分基本上呈圆柱形，也就是形成锥体，在锥体的侧面和后侧包括不同长短的骨棘突、骨突或棘突。强劲的韧带将这些椎骨彼此连接并因此阻止脊椎发生位移。椎间盘位于椎骨之间，可以缓解由于不同运动而施加给脊椎的压力。实际上，脊椎和它相邻的椎骨相互之间的机械作用非常小，但总体的灵活性很强。健康的腰椎可以承受重达500千克的压力。对人而言生死攸关的脊髓和脊髓神经处于由彼此相叠的脊椎孔构成的脊椎通道之中。

从总体上看，脊椎并不是笔直的。这是进行适当背部训练的重要背景知识。从解剖学角度来看，脊椎的外形如下：

- 颈椎前凸：向前微凸；
- 胸椎后凸：与之相反的，向后微凸；
- 腰椎前凸：又是向前微凸。

特有的双S形赋予我们承重和缓冲的能力。脊椎的弯曲过度或变形可能引发身体疼痛或运动能力受限。强劲和灵活的背部肌肉系统有助于背部的自然成型。如果脊椎发生侧凸，那它不一定能够发挥解剖学中应有的作用。如果这很容易发生，那就算不上问题了。如果矫形外科确定已发生脊椎侧凸，那么就要避免从事某些特定的训练。幸运的是，如果人们通过拉伸运动，而不是可能造成脊椎负荷过大的压力运动来训练的话，那么肌肉训练可能对脊椎侧凸产生积极的效果。换句话说，在大部分脊椎侧凸的情况下，所有针对背部的运动都可能产生积极的效果。我们希望自己的脊椎可以有效完成各种各样的任务，那就必须正确锻炼它，因为良好、正确的体态对于很多隐蔽的身体功能，例如呼吸而言相当重要。

背部主要肌肉的解剖学导论

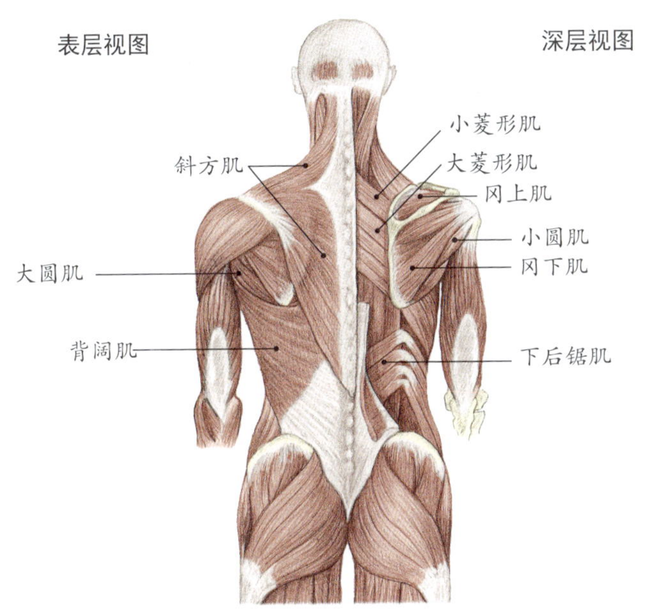

有关肱骨的知识

背阔肌（背面、表层）

起点：胸椎（7～12节脊椎的胸肋棘突）、胸腰筋膜、髂嵴（下三分之一）和肋骨（10～12节肋骨部分）以及几乎还包括肩胛骨（下角）

止点：肱骨结节间沟。

主要功能：内收举起的手臂、向前旋转（但受到一些专业人士的质疑）；伸展上臂以及下降或内收肩胛骨时发挥作用。

物如其名，这一肌肉是人体中最大的肌肉。但如果按比例来看，它并不是非常厚。尽管背阔肌位于脊椎的后侧，但它很容易被接触到，这是因为它是后侧腋窝的一部分。准确地讲，它共包括四个具有不同功能的区域。同时正是由于这一肌肉的面积很大，所以它内部的纤维呈不同方向。因此有必要通过不同的练习来锻炼到不同区域的背阔肌，而本书中的练习覆盖了所有的区域。

尽管很多图书指出，宽阔的背阔肌对呼吸有辅助功能，但可以确定的是，它的纤维起点和止点相距很远，因此对呼吸的促进作用相当有限，例如依靠某一支点拉伸上臂以及悬挂在某一个杆上的时候。宽阔的背阔肌是强有力的肌肉，尤其肌肉发达的人的背部呈V形。

大圆肌（背面、表层）

起点：肩胛骨（下角背面）。

止点：肱骨（小结嵴）。

主要功能：肩关节旋内、肩关节内收、肩关节后伸。

尽管大圆肌并非一直存在或总是和宽阔的背阔肌一起成长发育，但它原则上是独立的肌肉群。它与背阔肌最大的区别是它的肌肉相对小得多，并且起于肩胛骨下角背面。如果将它的功能与背阔肌对比的话，就会发现针对这一肌肉群的训练与背阔肌相同。读者因此不需要特地锻炼大圆肌，因为你在锻炼背阔肌的同时已经锻炼到它。正是基于它的功能，我们在本书中将大圆肌归入背部，尽管它实际上属于肩后部区域。

小圆肌（背面、深层）

起点：肩胛骨（外侧边缘）。

止点：肱骨（大结节下部）。

主要功能：使肩关节旋外，在臂部内收时发挥作用。

这块肌肉要比它的同名者“大圆肌”小得多，也弱得多。但由于它的位置和功能，也被视作肩部肌肉。

冈下肌（背面、深层）

起点：肩胛骨（冈下窝、肩胛骨）

止点：肱骨（中部大结节）。

主要功能：使肩关节旋外以及固定肩关节囊。

和上文所述的两种肌肉相同，冈下肌也属于背部肩关节区域。有时可能没有这块肌肉或它与小圆肌连接在一起。另外通过上述练习也能自动锻炼到这块肌肉。

大菱形肌（背面、深层）

起点：胸椎（1～4棘突）。
止点：肩胛骨（脊椎缘）。
主要功能：朝脊椎方向收回肩胛骨以及固定肩胛骨。

除上述稳固肩胛骨的功能外，它还具有回收臂部的辅助功能，只要这一功能伴随肩胛骨的运动。

小菱形肌（背面、深层）

起点：颈椎（6、7棘突）。
止点：肩胛骨（脊椎缘）。
主要功能：朝脊椎方向收回肩胛骨以及固定肩胛骨。

这种小菱形肌的功能与大菱形肌相同，有时两块肌肉彼此融合并共同构成菱形肌。

斜方肌（背面、表层）

起点：头部（下降/上部分：上项线后侧、枕外隆突、项韧带）；颈椎和胸椎（横向/中间部分：7至13棘突，和韧带）；胸椎（上升/下部分：2或3至12棘突）。

止点：锁骨（下降/上部分：外侧1/3）；肩峰和肩胛冈（上升/下部分：三角形或相邻部分）。（上束纤维——锁骨外侧1/3及肩峰突中下束纤维——肩胛棘上唇及尖端斜方肌位于项部和背部的皮下的部分,一侧呈三角形,左右两侧相合成斜方形）

主要功能：上束纤维——上举及外旋肩胛骨，协助头部后仰，侧屈及旋转；中束纤维——内收（缩回）肩胛骨；下束纤维——下压肩胛骨；远固定时，一侧肌纤维收缩，是头向同侧屈和对侧旋转，两侧收缩，使脊椎伸。

尽管这块肌肉是肩胛骨的一部分，但本书对它同样给予关注。正是由于它的大小、位置和功能，人体进行很多运动时，它与背部肌肉群共同运动。而在这三个多少有些不同的区域中，我们首先感兴趣的是将肩胛骨收回到脊椎的功能，也就是在进行很多练习时，我们主要通过划船动作来强化背部。

下后锯肌（后侧–下侧，深层）

起点：11胸椎至3尾椎。

止点：9至12肋骨。

主要功能：下拉肋骨向后，并固定肋骨，协助膈的吸气运动。

这块肌肉由多个韧带构造而成并在最高处将肋骨和最深处的脊椎连接在一起。它不直接参与臂部的运动，但影响整个躯干的延展、弯曲和旋转。

髂肋肌（背面、深层）

起点：肋骨（颈部3至6肋骨角），最后第六节肋骨（胸腔部分起始于其肋骨角），骶骨、髂骨和第11和12节脊椎以及腰椎（腰部起始于其棘突）。

止点：颈椎（颈部棘突C4–C6）、颈椎（C7的横突）、肋骨（脊背侧第6肋骨角）和最后一节肋骨（腰部在最后第6或第7的肋骨角结束）。

主要功能：脊椎的延展；如果同时行动的话，在相同一侧上弯曲和旋转。

髂肋肌是与脊椎平行的、单薄、大面积肌肉的组合，和长长的背肌一样，它的主要功能是拉伸脊椎。因此你需要的不是臂部内收的练习（例如引体向上），而应该是类似于划船、自重训练等练习。

1.4　健康的背部

如果你腿骨折了，医生通常建议你卧床休息。但你此时要面对一个两难的情况：几乎所有的背部问题都要通过训练背部肌肉群和调整姿态来解决。用于加强背部肌肉的练习与运动效率有关，例如向身体方面拉伸臂部，首先是在垂直方向上的拉伸（假如我们要攀爬斜坡）。这样施加给椎间盘的压力减小，主要是由于施加给包围椎间盘的骨骼结构的重力所导致，这与锻炼肩部肌肉群相反，因为负重能够刺激到肩部肌肉群。尽管不能完全减去椎间盘受到的压力，但椎间盘由于压力而受伤的可能性减小，这是因为椎间盘此时既没有被撞击又未被刺痛，而是被拉伸。因此不管你目前被急性还是慢性的背部疾病折磨，都不要迟疑，请立即征求矫形外科医生的意见，开始有目的的锻炼吧！

如果你在做一些像抬起或放下手臂这样的简单运动时，或者你在早起时感觉到背部疼痛，那么你应该多做一些复杂的保护动作以避免疼痛。虽然我们无法避免背部因为事故受到重伤，但我们可以预防由于肌肉缺乏力量或灵活性而导致背部出现问题。数据显示，全球一半以上的成年人每年至少被背部疼痛困扰一次，甚至三分之一的成年人患有慢性背部疼痛（连续疼痛超过三个月）。我多年来始终秉承一个理念，那就是几乎在100%的病例中，如上文所介绍的那样，力量和灵活性的训练能够使人避免或至少能够减轻背部疼痛。

背部区域出现疼痛的原因主要有：

- 肌肉和韧带弯曲或变弱；
- 肌肉紧张；
- 骨骼退化；
- 姿态错误和运动过程不恰当；
- 发炎和受伤。

正如你所见，所有可能导致背部疼痛的问题都可以避免，或者我们至少可以通过肌肉训练以及拉伸背部来减少隐患。我的观点可以通过数据得到证实，90%的病例都是由前两个原因造成的。但我们可以通过有目的的训练来避免问题产生。

锻炼肌肉和拉伸背部是预防背部疼痛最明智的选择，再也没有比这更好的运动或预防背部疾病的身体活动。

传统的进化理论认为，我们的背部疼痛，尤其是腰部区域，是我们从四肢行走的动物进化为人类这一物种所付出的代价，尽管物种进化解放了人类的双手，并因此加快了人类智力的发展，但这一理论还是站不住脚，这是因为背部疼痛并非人类所特有。即使一些四肢行走的动物也会出现腰间盘问题。

经常锻炼的背部和正确的姿态可以预防80%的疼痛和伤病。

下面是一个小测试，可以用来测试你的背部是否健康，并且有助于你或你的教练优化训练方案：

	0	1	3
你在过去的6个月中背疼过吗?	否	有时	是
你练习过坐着的运动吗?	否	适当	是
你是否超重?	否	适当	是
你是否长时间保持一个姿势?	否	适当	是
你必须经常举起重物么，例如从地板上?	否	有时	是
你压力很大吗?	否	适当	是
你是否经常做背部按摩?	是	有时	否
你是否一周做几次肌肉训练?	是	有时	否
你是否一周做几次拉伸训练?	是	有时	否
你是否有过严重的或短期内拉伸的背部伤痛?	否	轻度	是
你是否经常进行与背部平衡相抵的、单侧的活动（高尔夫、网球、棒球、家务……）?	否	有时	是

计算：结果总数=

乘以 ×3

总计=

最小风险=0 —— 最大风险=99

计算背部疼痛素质敏感症的表格

测试结果越接近最大点数，在近几个月内发生背部疼痛的几率就越大。尽管几乎0点的结果显示风险非常小，但我们还是一直保持警惕，这是因为这一测试以主观的测试为基础，所以可能有误差。尽管如此，这一测试是在提醒我们随时发现和纠正错误的生活习惯。另外需要指出的是测试中的几部分内容还明显依赖于个人情况，例如是否进行一般的体育活动。59岁以上的成年人由于肌肉力量的减少以及骨密度的降低（尤其是久坐的、身形修长的女性）而会时常感到背部疼痛。但如果保持积极的生活方式，主要是指经常进行肌肉和拉伸训练，那么就可能避免问题，或至少大大降低问题发生的几率。但人的寿命并不是出现背部疼痛的决定性因素。这种问题最常出现在30～55岁的人群身上，也就是说不管在哪个年龄阶段，我们都可能面临这种危机。

虽然本书的目的不是充分探讨如何保持正确的身姿，但还是为大家提供了若干重要的建议：

- 如果你必须从地上举起什么东西，那么一定不能弯曲背部，而是通过屈膝来完成动作。
- 传递重物时一定要保持上身端正，要在两臂之间平均地分配重量。
- 举起物体时要吸气，然后屏住呼吸，这样充满空气的胸腔能够增大躯干的力量，并由此保护特定的肌肉和骨骼。
- 坐着时保持上身端正，一定不要使肩部变形。
- 睡觉时保持侧卧或仰卧，一定要选择最好的床垫。
- 不要使用过厚或过薄的枕头。
- 不要长时间保持某一姿势，不管是坐着还是站立。至少每45～60分钟改变一下姿势并伸展后背。
- 进行一项主要要求身体单侧运动的体育项目或其他身体活动，然后尝试借助于身体的另一面完成同样的运动过程。无论如何都要特别地关注和训练“被忽视的”身体一侧。
- 在你开始深入训练之前首先要学会肌肉锻炼和拉伸的技巧。
- 通过定期的专业按摩来放松你的肌肉群。
- 请你避免使你的背部承受长期的冷或热。
- 尽量不要穿高跟鞋，请你随时保持身体姿势端正、正常行走。

我们的身体天生喜欢运动。婴儿很早就开始学习爬行，几乎所有的孩子都爱动。但我们的社会却违背孩子的天性，教育他们应该乖巧听话，也就是少动，学校体育也未能弥补孩子的运动缺失。孩子应该每周五天，每天运动两个小时，但这和现实的学校情况相差甚远。然而成年人的情况甚至更加糟糕，因为成年人要工作、做家务，还要承担着巨大的社会压力。综上，我们应该掌控自己的生活，拯救自己的身体，锻炼自己的背部。

一般来说，游泳是锻炼背部和整个身体的最好运动，而且是没有任何禁忌的运动。可惜的是尽管医生提倡游泳，但他没有真正意识到游泳的运动功效。游泳确实还是一项优美的运动，它不仅能锻炼到全身，而且没有任何禁忌。我们在此先暂且不考虑皮肤问题、真菌感染和呼吸道疾病，这些问题在某些国家的水质可能由于使用氯（有时也用溴）消毒而多发。在此我们仅关注纯物理方面的问题：蝶泳对腰部区域不好，蛙泳则容易伤害膝盖。但在每种情况下，肩关节都会锻炼过度（有时甚至受伤），而膝盖又得不到充分的锻炼。另外游泳不能充分有效地预防骨质疏松症，虽然它可以很好地控制体重。

体育锻炼较少的人一般会质疑，除有氧运动外，能够将肌肉和拉伸结合起来的运动最适合锻炼全身。请你仔细想一下：几乎所有的运动项目都是为消磨时间或相互竞争而产生，因此大多可以锻炼到特定的肌肉群。但肌肉和拉伸训练的目的是均匀、有效地锻炼到全身的肌肉，以及对其起支撑作用的骨骼。

2. 我如何锻炼背部：肌肉锻炼

2.1 姿态

正如本书其他部分所述，我们需要注意的最重要的一点是在锻炼背部时需要保持端正的身姿。一定不要在负重练习时向一个方向弯曲脊椎。垂直拉伸的练习，例如引体向上、划船器（Seilzug）等对背部都没有危害。而水平方向拉的动作，例如不同形式的划船动作，都隐藏着特定的危害，例如因此需要强健的腹部和腰部肌肉群以保持端正的身姿。要求背部转动或侧身弯曲的练习则是最不安全的，因此千万不要负重。初学者最好不要负重练习。

2.2 热身

锻炼开始时一定要简短热身，5 ~ 10分钟的跑步机快走练习、骑车或慢跑就可以。要让自己的躯干（腹部和腰部）、胸部、三角肌、二头肌和三头肌都热起来。所有这些肌肉都或多或少影响到背部的训练，因此一定要通过特定的训练使背部充分热身。

第一项背部练习开始时不要负重。如果能够以下降金字塔的形式练习，也就是训练的过程中逐渐增重，那就非常恰当。如果刚开始训练就负重很多，就会增大受伤的几率。

2.3 练习

首先请选择有难度的基础练习。虽然引体向上是锻炼背部的传统训练方法，但它并不是完美训练的典范。即使你做得不够准确（至少五次完整、准确的引体向上），也不要担心。但如果你想做引体向上的话，那就从头开始学习吧。

背部练习一般分为三大区域：

- 垂直内收：引体向上、拉伸（Latziehen）等。
- 水平内收：使用划船器做划船动作练习，使用杠铃做划船动作等。
- 拉伸躯干：在倾斜健身椅上提起上身（类似于仰卧起坐？）、自重练习等。

第三个练习针对的是“身体中部”，也就是针对腹部和腰部区域。因此本书对此没有详细介绍。除前两种练习类型外，还可以选择本书介绍的其他练习。

在针对背部的负重练习中，臂部和腕关节的抓力不能太弱，否则会对背部有伤害。在这种情况下，你一定要加强前臂和后臂的力量。绷带和拉杆在练习时候能够承担手部一部分的力量，因此有助于你的练习。在所有的背部练习中，腕关节都要保持平稳，不随便晃动，腕关节不管在任何情况下都不能自由活动。另外练习中还要注意到肘关节。我们最好借助于下面这个例子来向你解释：如果你想要做朝向胸部的拉伸练习（Latziehen），那么练习的重点不是将杆拉到胸部，而是将肘移动到身体旁，这样你的背部在整个练习的过程中才能绷紧从而达到练习的效果。当然在类似的简单练习中可能出现各种各样的错误。正如你在有关背阔肌的起止点介绍中所读到的那样，背阔肌从脊椎延伸到肱骨。在锻炼的过程中，这两个骨骼结构彼此相互接近。手和后臂只是握住杠铃的哑铃的“工具”。请你注意将肘拉向躯干并在整个运动过程中保持这个姿势，直到最后。因此你才能减少重复练习或者必须减少负重，这样才能增强锻炼的效果。

2.4 肌肉训练的理论

2.4.1 练习、组（Satz）、重复、强度、休息

你在锻炼时应遵循哪些目标，你应该关注哪些重点。对此本书并不详细解释，而是介绍下面几点：

- **练习** = 为实现某一个目标的不同身体活动的总和，例如：利用滑轮练习划船动作。
- **组** = 构成练习的同一动作的总称，完成后稍作休息。例如：练习“4组”滑轮划船动作。
- **重复** = 竭尽全力、构成一组、中间没有休息的动作总称。例如：每组“重复10次”。
- **强度** = 重复动作或完成一整组动作所花费力量的程度，与一个人在同等情况下所花的最大力量值相比。即使借助于或在特定条件下操作，强度可以在0 ~ 100%之间变化。100%相当于单次重复时使用了最大力量。
- **休息（Pause）** = 在练习过程中或在各组之间的休息，直到重新开始训练。
- **速度** = 需要锻炼的身体部位在确定时间内达到的距离。速度这一变量在练习中往往无法准确衡量，有时只能用“缓慢”“适度”和“快速”三个说法来衡量。

可以如下计算：

$$3\times12，60\% \quad (2')$$

意思是：重复12次为一组，共3组，最大力量的60%，每组之间休息2分钟。

在此还需要注意，没有哪个练习的直接效果是增加肌肉、塑造形体或减重，而是所有的都要依赖于上述要素（以及其他更多的变量）。热衷健美运动的人可能会跟你说，引体向上或使用哑铃做划船动作可能增加肌肉，引体向上或单手拉伸可能塑造形体，但其实这些说法都是不准确的。练出“肌肉”或塑造“体形”与选择哪个练习无关，而是取决于整个训练所涉及到的所有上述数值。同时营养和对心脏—循环—系统的锻炼（及其错误）也发挥重要的作用。

下述表格总体解释了单个变量值对我们的身体所起到的作用。

用来确定锻炼力量和总量的数据

锻炼范围	目标	强度	进行的速度	每组重复的次数	组之间的休息
最大力量	最大力量 轻量增加肌肉	80～100	最大 （不过度）	1～6	1～5次重复，1～4分钟 5～6次重复，4～5分钟
力量 肌肉增加	最大增加肌肉 最大力量	65～80	适度	6～15	1.5～5分钟
力量 耐力	耐力 协调性 适应性 轻量增加肌肉	30～65	适度	多于14	0.5～3分钟
爆发力 力量 速度	协调性 速度 轻量增加肌肉	20～50 50～80	最大 （不过度）	1～5	0.5～3分钟 2～5分钟

这个表格只是总体方向性的提示，但上述数据可能有所不同，不过它适用于大多数人。一些得到错误建议的初始者希望每次练习都能得到最好的结果，但在有些阶段，练习者会会发现自己停滞不前、没有进步，其实每个人都需要通过不断地积累小进步才能取得成功。如果你身上也出现这个问题，那么请你检查一下这个表格，然后看看你是否符合这些参数。

如果你研究的是“重复的数目”，稍稍了解重复和“强度”之间的关系，那么你就明白不是要一直训练直到“肌肉失灵”。在训练的过程中，仅在特定的组内才期待出现这种情况，大多数情况下训练强度在30%～50%之间即可。如果一直用最大力量训练那么就可能导致压力过大以及肌肉群受损。

每周几天 一般性肌肉训练	每周几天背部肌肉群训练 训练过程的简短解释	训练计划的效率
1天/周 T_1–P–P–P–P–P–P	1天 每周重复相同的训练计划，每月更换练习	非常糟糕
2天/周 T_1–P–P–T_1–P–P–P 或者也可以是 T_1–P–P–P–T_1–P–P	1或2天 两周重复相同的训练计划。 （个别练习可以调整。）	最小值
3天/周 T_1–P–T_2–P–T_1–P–P 或者也可以是 T_2–P–T_1–P–T_2–P–P	1或2天 制订2个不同的训练过程（T_1和T_2）， 不连续训练，随着训练单元更换。	好
4天/周 T_1–T_2–P–T_3–T_1–P–P 或者也可以是 T_2–T_3–P–T_1–T_2–P–P	1或2天 制订3个不同的训练过程（T_1、T_2和T_3）。 连续训练2天，第3天休息。	非常好
5天/周 T_1–T_2–P–T_3–P–T_1–T_2 或者也可以是 T_1–T_2–P–T_3–T_1–P–T_3	1或2天 制订3个不同的训练过程 （T_1、T_2和T_3）。	好
6或7天/周 T_1–T_2–T_3–P–T_1–T_2–T_3	1或2天 如同第5天，重复循环。	好

T=训练日，P=休息

2.4.2 每周训练频率

如果你是初学者（训练时间少于3个月），那么你每次都要通过同样的方式训练，也就是最好负重最少，重复的次数最适度。你要学习所有基础训练的技巧，不要急于求成，或者不要让自己受伤。

3～12个月训练后，你就可以分区训练，这样每块肌肉（包括背部）每周都能得到2～3次训练。现在可以稍微加大负重，但训练结果还有待考察，这是因为你已经积累了一些训练经验。

如果你只是打算让你的背部“灵活”，而且希望保持力量和身体状态水平，那么你就既不需要改变计划，也不需要加大训练强度和难度。这样你就可以随时通过新的练习调整训练过程，这样才能做好不忽略任何一个身体区域或者避免训练无聊。另外如果你还要继续训练的话，那么这个主题就变得更加复杂，并且更好地思考练习以及练习之间的休息。无论如何，训练都要基于一个科学的和经得起实践检验的计划。

由于我们专注于对背部的训练，因此你要根据自己每周可行的训练情况选择性地接受下述建议。下面的表格左栏给出的是每周应锻炼到全部肌肉群（不仅仅是背部）的天数。中间一栏给出的是每周应针对背部肌肉群锻炼的频率，包括对训练过程的简短介绍。右栏则给出训练计划的效率和合理性。

如果你希望针对背部有一个简单的训练计划，可能是以康复或“身材有型”为目的，那么你每周应锻炼背部2至4次并且轻度负重（低强度）以及以适当的重复次数。

我们在制订表格以及对其进行分析评估时考虑的因素是大多数人安排自己生活和训练的形式：星期。不过可以肯定的是，身体感受不到每星期内各天的不同，自身只能感受到的是在从此前的训练中恢复阶段以及对未来训练的准备阶段。但我们不能忽略的问题是，即使我们的社会将一个星期分为七天，而且我们总是在重复相同的锻炼周期，因此除非我们参加竞赛或不想遵循一般的计划，否则不需要过多更改训练计划。

当然，每个人都应该根据个人情况配合上文表格，但它仅仅是我们制订计划的参照。你应该想到背部总是优先于臂部得到锻炼，这是因为大的肌肉群必定优先于小肌肉群被激活。如果小的肌肉群已经疲惫，那么它一定影响到更大肌肉群的正确锻炼并可能引发故障，因此也就无法保证安全的训练。

另一方面，如果你每天的时间很少，那么每周只能锻炼5天或6天，而且不能重复相同的训练。你的教练必定会在给你指定个人训练计划的时候提出建议。

2.4.3　三个基本原则

到目前为止，我们考虑到力量训练的几个关键要素。为了使锻炼效果得到最大程度的优化以及尽可能地避免一般力量训练和特定背部训练的危险，有必要研究一下以科学认识为基础的基本反射（Reflexion）。

（A）疲劳和变化

如果某个针对背部的训练允许长的移动距离（Bewegungsstrecke），也就意味着（例如使用划船器或引体向上练习时，）即使锻炼过程中到达极限，受伤的可能性也小于腿部受压或接触受压而导致受伤的可能性。换句话说，你锻炼背部肌肉群时运动幅度可以尽可能大（除非如本书已提及的个别正确练习中建议采取相反情况）。

你对自己的训练成果满意么？请你做出调整！
变化是成功的魔法！

很多已经锻炼多年的人会惊奇地发现，初学者怎么能够那么快地改变体形，接近理想状态，同时还会不解地问自己："这怎么可能？"答案相当简单：如果你长期以相同强度和相同频率重复相同的练习，也就是所有训练数据都始终保持不变，那么你怎么能期待会有什么不同呢？肌肉训练的根本原则是舒尔茨定律（Schultzgesetz），该定律认为存在刺激阀（也叫阈值），超过它才可能发生变化（以及超过后可能发生肌肉损伤）。但在该阈值之下就几乎不会发生什么变化。初学者一般要有低阈值，这样才能保证每个练习，即使在选择不当的情况下，也能改善肌肉群。如果一个人已经锻炼了很长一段时间，则该阈值必然很高，甚至即使过根据上述表格中提到的前提条件训练。也许身体已经适应了某个训练的节奏和过程，即使它要求很高，但始终还是在重复。那么从现在开始请你做出改变吧！下面是若干建议：

- 减小负重，增加重复的次数。
- 增大负重，减少重复的次数。
- 改变每周训练日的数目。
- 改变训练的时间。
- 改变练习的顺序。
- 如果你独自一人锻炼，那么请和一名伙伴约好时间。
- 改变你的饮食计划。新的计划中是否具有足够的蛋白质和碳水化合物？
- 延长你的心脏—循环—训练或缩短它。
- 缩短或延长每组之间的休息时间。
- 缩短或延长练习之间的休息时间。
- 改变练习的进行速度。
- 改变你移动的角度。
- 增加细节练习。
- 中断一周或五天训练，以恢复身体。
- 调整训练前和训练后的食谱。
- 选择或更换营养补充剂。

- 将训练日常分为每天两个单元。
- 根据每年不同时期确定不同的训练强度。
- 连续锻炼之前分开锻炼的两块肌肉。
- 在不同的时间共同锻炼此前分开锻炼的两块肌肉。
- 更换设备。
- 使用单独的哑铃替代设备或以相反方向替代。

……

如你所见，可能改变项的列表相当长。身体容易出现郁积，也就是需要保持身体内部的平衡。肌肉训练类似于“侵略”，身体要做好准备应对这些侵略。如果它找到耐受这种侵略的工具，那身体就没有必要发生改变，这是因为它短期内的状态已足够。但如果我们想改变它，我们就不得不强迫我们的身体对此做出反应。另外要考虑清楚每种改变并且要遵循负荷生物力学和肌肉工作的理性训练原则。

最后需要指出，可能改善身体的重要改变之一是提高强度。但只有当身体没有受伤危险的情况下才能进行改变。

（B）力量训练的周期性安排

即使你已经规划好自己的训练计划并且训练得非常集中，但如果你没有顾及到让身体恢复能力的休息，那么你还是实现不了健康的目的。如果不在必要的时间休息，那么你就可能锻炼过度并由此导致身体受伤。一定不要失去训练中的快乐——一定不要对自己要求过高！如果你已经有锻炼过度的感觉，那么应该休息两周。但也不需要担心，你的健康不会在短时间内消失。另一方面如果锻炼中的休息时间过长，那么训练也不会带给你什么好处，甚至可能伤害你的身体，原因是你的身体不能随时做好锻炼的准备。

力量训练分为三个周期：

- 微循环：天；
- 中间训练：星期；
- 大循环：月，甚至年；

如果你在大循环中总是以相同的力量锻炼，那么你的身体很难得到改善。尝试使用更大的力气、肌肉容积或二者兼有，那么你就可以逐渐地增加力量（强度原则和刺激阀原则）。但这都不会在非确定的时间发生，而是按照完全或部分恢复的特定周期。如果你不具备充分的知识或能够为你制定计划的教练，那么就要遵循下述三个基本建议：

1. 每2个月有1个星期完全中断训练。

2. 每年有3个月完全中断训练。

3. 每年计划3个或4个训练周期来缓慢地、逐渐地增加重量。例如在3个月密集训练后，轻量训练1个月，然后继续。

这些建议虽然非常表面，但应该配合每个个案。因此我们强烈建议你寻求专业教练，甚至运动医生的帮助。

（C）看不见的训练

我们可能取得的训练成果中有几乎一半是无法通过训练达到的，也就是人们看不到变化的过程。因此即使每周花费数个小时训练，并辅以精湛的技术和明显的努力，但如果锻炼者忘记了有些东西是无法通过锻炼实现却又最终影响训练结果的话，那么他很可能一事无成。

“看不见的训练”中包括哪些关键要素呢？

- 营养；
- 水含量；
- 各组、练习和训练单元之间的休息间隔；
- 睡眠的时长和质量；
- 中期的重量循环；
- 营养补充剂，如果必要的话；
- 受伤和炎症的治愈情况；
- 所从事的其他运动项目或肢体活动。请评价它是否有利；
- 避免不良的生活习惯（吸烟、喝酒、毒品）；
- 你交往的人以及和他们交际的形式；
- 对于锻炼和自我生活的内在态度。

你一天24小时都是运动员吗？如果不是，那么你的结果只能是介于运动员和普通人之间。不要归咎于你的教练员、运动医生或学校里一起锻炼的伙伴，又或者是这本或那本指导你锻炼的书。我们建议你不要对身体锻炼抱以过分依赖或强迫的态度，而是要对运动和自己的生活保持积极的态度。如果你能够正确地安排运动和生活，那么一切都会变得非常简单。我们非常希望能够促动你开始尝试。

3. 我如何锻炼背部：拉伸练习

3.1 拉伸对背部的意义

如上文所述，身体的所有部分都能被拉伸，但背部直接影响到你的生活质量。如果你曾经被背部疼痛困扰，那么就能充分理解它的意义，甚至可以说每个活动，也就是日常活动都会因此受到背部疼痛的影响。但这几乎不会发生在身体其他部位上。不灵活的、缺少肌肉的腿不会如此限制日常活动（即使在运动中）。我们日常的生活方式以站或坐为主，而这对背部都非常不好。因此请尽可能地改变你的姿态。在进行拉伸或灵活性训练时，请每隔1小时稍作休息。

3.2 热身

也许你曾经读到过，拉伸训练应该是“冷的”，因为这是我们的自然“状态”，如果我们此时恰好没有运动，因此这是非常符合实际情况的。请你一定要将这些对身体不利的建议抛到脑后吧！和其他适度或深度力量训练相似，拉伸训练要求事先热身，从而避免受伤以及更有机会取得更好的成绩。由于拉伸训练要求超出正常的拉伸范围（努力达到极限），所以热身变得尤其重要。

我们通过活动肌肉以使其加温的方式减小身体的粘度（Viskosität），同时加快血液循环并提高身体的灵活性。尤其当我们在高温或寒冷条件下热身，它的作用体现得尤其明显。

请你通过骑自行车或慢跑5～10分钟的方式激活你的心脏—循环—系统。然后要有意识地使需要锻炼的身体部分热起来，尤其是背部。例如你可以选择臂部绕环，弯曲和伸展臀部和臂部的方式，如果可能或有辅助机器的话，你也可以开始肌肉训练的轻度运动。

第一条原则是开始运动不要到达极限。开始运动时应轻柔地旋转。如果你的训练场地不够暖和，那么要穿着暖和的衣服训练，这样才能保持体温不变。

3.3 拉伸范围

为简化锻炼，我们将背部划分为胸椎区和腰椎区。一定要注意背阔肌是以上臂为终点的。因此如果你想正确运动，那就要运动臂部，而且手臂的运动一定要对称。建议肌肉训练要包括垂直训练和水平训练。如果想锻炼到背部的小块肌肉，那么还要运动到躯干。

你所有的运动都要对称进行，即使无法同时实现，例如你想进行像高尔夫或网球这样的不对称运动项目，也要通过练习拉伸到身体的各个区域。

3.4 对灵活性的理解和评估

你是否想到灵活性主要取决于两个要素：

- 关节的灵活性
- 肌肉的延展性

灵活性包括肌腱和韧带、肌肉终点的间距和位置、骨骼部分的长度、躯干容积和每个肌肉的延展性。应得到最佳锻炼的变量是肌肉的延展性。虽然有时肌肉的延展性是天生的，但我们还是可以通过有目的的训练改善它的状况。如今人们已经了解到改善肌肉的延展性可以带来很多优点，例如跑步速度更快、跳跃能力更强和肌肉力量增长等。

很多人都相信良好的灵活性可以避免伤痛，这有一部分道理。尽管经过训练的人的运动幅度可以更大，肌肉纤维在该范围内不会拉伤，但其实人的大多数伤痛都发生在正常柔韧性范围内，往往是事故导致的后果：瘀伤、韧带拉伸过度或断裂、脱臼等。只有极少的运动项目要求运动达到极限，例如亚洲的武术或体操。但灵活性无论如何是不可或缺的，在某种程度上必须保护肌肉的灵活性。另外对于其他肢体活动来说，灵活性只是另一种能力或物理素质，它无法预防伤病。更加准确地说：

与灵活性或提高关节柔软度相比，完成技巧和肌肉力量是预防伤病更加有效的方式。

但这并不是说，良好的灵活性没有价值，与此相反，它甚至是拉伸特定肌肉和关节结构，以及提高运动效率和预防可能导致身体受损的运动过度的必要条件。肌肉伸展过度也可能导致肢体不稳定或受伤。

用来锻炼灵活性的练习既可以是静态的，也可以是动态的。但在本书中，我们只选择了静态的拉伸练习，因为动态的拉伸练习总数需要根据不同运动项目的特点而做出调整。另外视频形式可以更好地展现动态拉伸练习的特点。但无论如何我们都有如下建议：

应该非常频繁地进行拉伸练习，这比每个训练单元练习的范围还要重要。

换句话说：你应该尝试每周训练5～6次或者每天1～2次。正如你所见，建议拉伸训练的频率高于肌肉训练，也就是训练的强度越大，训练总数越大，训练单元就越少。

你可以自己测试一下灵活性的变化情况：在同一个月内使用完全相同的方式训练（工作日、时间、热身阶段等）并记录下整个过程，从而检验进步情况。

3.5 有助于获得和保持良好体态的灵活性

我们在前文已经提到良好体态的重要性。如果锻炼的是臂部和腿部，那么你很快就能用自己眼睛看到它们的变化，但如果锻炼的是背部，那么你首先只能是感受到它的变化。即使看起来并非如此，但其实腿部和腹部锻炼不当对我们的脊椎反而会有消极影响。我们在其他书中曾经提到过正确进行腹部肌肉训练的意义。尽管专家们一致努力传播和推广正确腹部肌肉训练的方法，但我们还是经常看到那些躺下来同时举起双腿来锻炼腹部肌肉的人。不过我们还从未详细地探讨过背部肌肉的训练呢？那么就请你继续阅读本书。

目前腹部训练方法不当的原因主要是对腹部区域解剖学和生物力学认识的误区。平坦的腹部肌肉群并不是止于腿部。因此只弯曲腿部（在踝骨以上的部分）的练习其实根本锻炼不到腹部肌肉群。

另外还有一个比较通用的训练方法，即一个伙伴按住你的肩膀并从而固定住你的上身，然后锻炼的人举起伸直的或稍有弯曲的腿部，两腿可以一直向上举起或者两腿交替。这样锻炼的人感觉到自己的腹部肌肉得以拉伸，也随之找到了好像锻炼到腹部肌肉群的感觉。但奇怪的是他没有锻炼到前臂的感觉，尽管前臂已得到拉伸。肌肉拉伸等同于肌肉的灵活运动么（不等量的训练或有时称之为不恰当的肌肉收缩训练）？答案是不。在放下腿部的同时，腿部变成了引起腹部肌肉拉伸的杠杆臂，从而阻止骨盆倾斜。积极地锻炼腹部肌肉群是等量的（肌肉群几乎不收缩）。原因非常简单——“髋部倾斜”，这是因为我们实际上通过这一训练达到的效果主要来自于四方肌（Quadrizeps）和腰髂肌，也就是极有力量的肌肉三角实现的，一般来说足球射门时主要依靠的是这块肌肉群。准确地说是那个在这种不快乐的锻炼中主要使用的肌肉群。但不仅它（因为它终止在脊椎前的腰部上的腰髂肌）对脊柱产生不好的影响。下一次你应再做这一练习时，你应该好好感受哪一部位的肌肉在活动：大腿中部和骨盆——它相反地恰好拉伸腹部肌肉。但它不太适合锻炼肩部肌肉，因为这种弯曲方式是不健康的。而解决问题的方法是屈膝并朝肩膀方向拉紧膝盖（稍稍抬起髋部）。

现在构成弓形，我们再回到背部的训练。如上文所述，腰髂肌终止于脊柱之前的区域。如果你按照适当的方式进行假定的“腹部肌肉训练”，那么对下脊柱的伤害会增大。如果你备受腰椎间盘突出的折磨，那么你必须加大适当腹部肌肉群训练的力度，同时要尽可能地延展腰髂肌，从而改善你的姿态。

我们通过了解各部分肌肉的解剖学和功能方面的知识了解到人体各部分之间的相互联系。尽管本书主要针对背部，但你始终要明白人体是一个整体。我们必须更加了解自己的身体，虽然我们能够仔细地观察到各个身体区域，但从始至终都不要将自己的肢体活动脱离于整体。

3.6 肌肉拉伸的理论

3.6.1 练习、练习强度和休息的选择

我们在前面已经提到过热身的意义。对身体进行一般性热身后，还应该针对需要训练的身体部分集中热身。如果延展性练习（例如伸展臂部）不当，你就可能受伤。轻度受伤的话，你也许只有几天感到不适。但如果你锻炼背部的方法不恰当，那么你可能遇到的问题是全身的灵活性都受到影响。一旦背部受伤，那么不管你尝试多微小的动作，例如在床上直起身来，都可能无法顺利完成。千万不要低估保护性包裹着你脊椎的那些结构的敏感性！它们实在太重要了，所以请你善待它们！

确定拉伸练习的强度要比确定其他物理能力，例如力量、速度或耐力，困难得多。对自己身体的认识和控制是每个人不可缺少的能力。我们建议你按照下面的方法来确定练习强度，也就是你试着看看自己拉伸到哪一个特定强度时有少许不适的感觉，但还算不上疼痛。

练习中休息时间，你应该锻炼另一半身体或身体的其他区域，这样你就不会

在练习时缺少对称性，因为对称对于任何一种类型的体育锻炼都非常重要。拉伸练习过程中的休息时间不需要太长，不像肌肉练习或以提高速度为目标的练习。几秒钟的休息已经能让你休息好。但练习的强度越大，休息的时间越长。

3.6.2 每周的训练单元

训练背部灵活性练习的频率要比肌肉锻炼更有弹性，因为身体复原的周期更短。这不仅适用于背部灵活性训练，同样适用于身体其他部位的灵活性练习。训练频率可以从每周1个单元到7个单元，有时甚至可以更多（一天多次）。我们建议你每周至少3～4个训练单元。

但我们更愿意在拉伸频率方面给你建议（这同样适用于背部及身体其他部位）：

每周多做几次拉伸练习，每次拉伸练习可以相对简短，但这要好过每周做1～2次长时间的练习。

从技巧的角度解释的话，实践证明，训练频率比训练实践更重要。因此如上文所述，我们甚至可以一天练习多次。

3.6.3 技巧

充分热身后，你可以选择不同的伸展方式。现在我们就给你介绍一种非常适合背部拉伸练习的方法：

本体感受神经肌肉性促进法（PNF）

PNF这一概念——几个作者还称其为紧张—放松—拉伸（AED）或收缩—放松（CR）——源自美国作者Kabat、Levine和Bobath（也被称作“Kabat方法”），这一方法目前广泛得到认同。由于这一方法相对更加负责，所以它一般适用于运动员，而不是初学者。具体操作如下：

- 轻微拉伸到某一个感到不适的点。
- 让目标肌肉做等长收缩6～8秒钟。
- 收缩后放松2～3秒钟，但不改变姿势。
- 增加肌肉收缩的强度，保持在新的位置上大约10秒钟。
- 收缩并重复上述过程1～2次。

如果姿势和强度准确的话，这是一个极好的练习。它与Michell-技术类似，从肌肉伸展开始，等长收缩并伴以放松。每次肌肉收缩后都要增大肌肉伸展的强度，从而达到新的运动界限。

优化的训练方案无论如何都应该包括动态的拉伸训练，尤其是如果练习者需要特定运动的话。动态拉伸时要活动关节，从而使受控的肌肉延展达到一定的限度。不过这些练习只能在你对其充分掌握的情况下才能进行。千万不要训练过度，不要接近疼痛界限，不要让自己受伤。

过去人们常常忽视动态拉伸，但现在它已被视作均衡训练的重要组成部分。这种练习方式不仅能够改善练习者的灵活性，而且还能提高练习技巧以及对身体的控制能力，另外它对练习者的肌肉结构和韧带结构都有积极影响。但没有接受良好培训的教练员经常将其与稳定性或某一练习的弹道性重复（ballistische Wiederholung），后者是指练习达到关节移动的极限。我们认为它的目标是提高灵活性，尤其是提高背部的灵活性——因此也可以在某一特定运动项目范围内提高灵活性和成绩或仅仅是保持健康、增强体质。

要以特定速度做这种类型的拉伸练习，绝对不能突然加大难度以尽快提高灵活性。原则上，每个强度的练习重复10～20次后再增加难度。

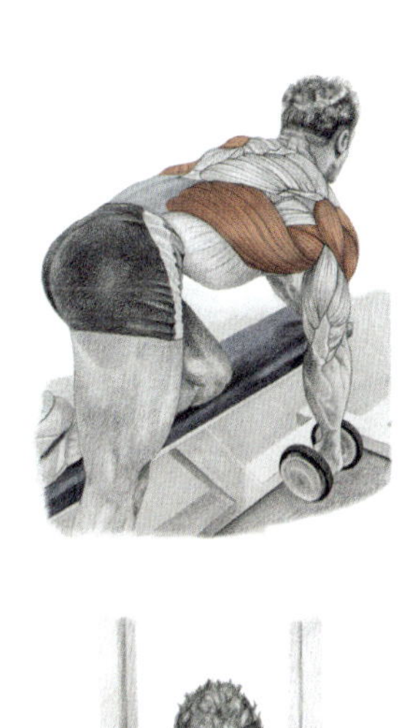

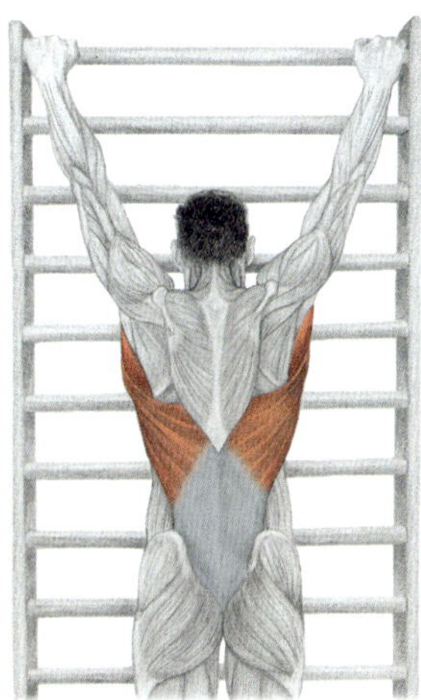

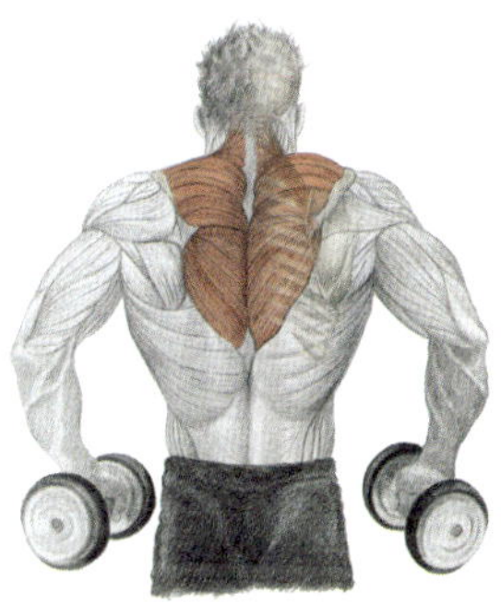

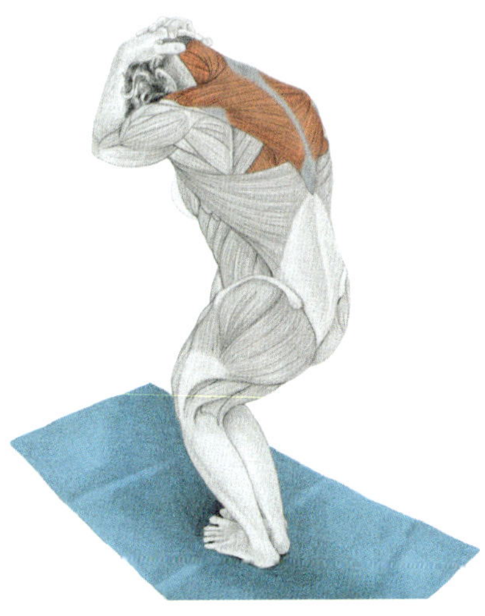

1 背肌 灵活负重

引体向上

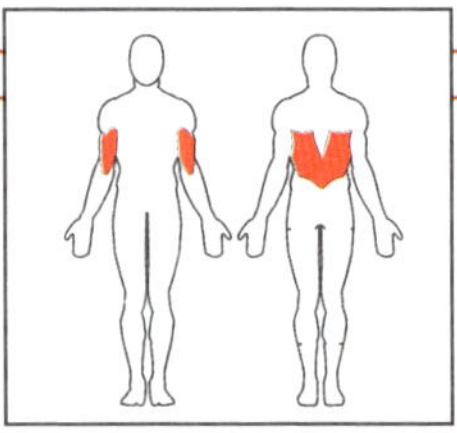

参与的肌肉

主要肌肉： 背阔肌、二头肌（短头）、肱肌和大圆肌
次要肌肉： 胸大肌（下部和外部区域）、三头肌的长头、小圆肌、肱桡肌（Oberarmspeichenarm）、三头肌（下部）、二头肌（长头）和上臂三头肌（前和后部）
对抗肌： 上臂三头肌、胸大肌（上部）和三头肌

变形方案 1.2 在颈后

参与的肌肉：
背阔肌、二头肌（短头）、肱肌、圆肌

实施过程： 将杆引至头后。根据研究，如果头部能被完全垂直地向上拉伸，那么对背肌的下/外区域要求更高。

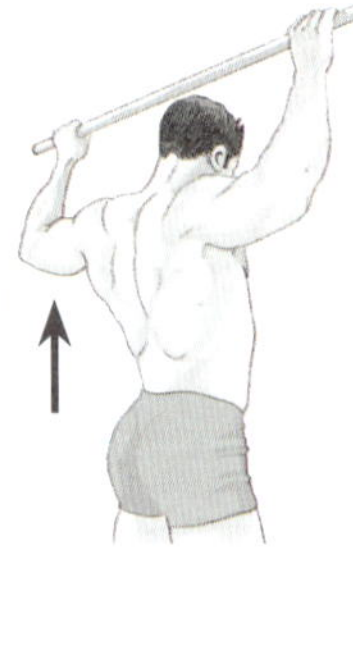

1.3 下握/针对二头肌

参与的肌肉：
背阔肌、二头肌、肱肌、圆肌

实施过程： 更紧地握住杆，手朝向头部方向。二头肌得到更大锻炼，一部分负重由背肌的更中间位置/更深层和中部区域承担。肘部放低时微微弯曲。

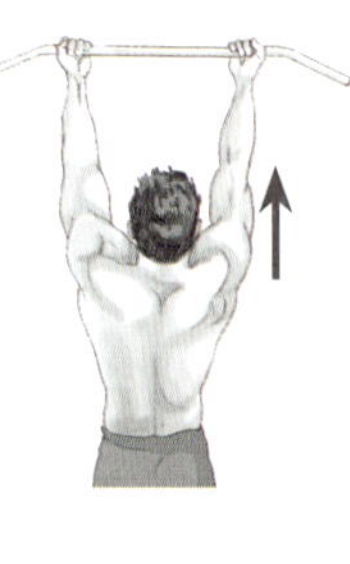

1.4 双手以中等强度杆（neutraler Griff）替进行

参与的肌肉： 背阔肌、肱肌、二头肌、圆肌

实施过程： 手放在更舒服、更中间的位置。头交替向左上和右上伸展，从而拉伸另一侧的肌肉。

实施过程

你悬在一根水平的杆上，双手上握杆（脚踝向后）并且比肩宽。借助于背肌的作用向上拉伸，从而使上胸部接近杆。同时上身微微向后弯曲。双腿放松向后或在背后交叉。此时可以弯曲膝盖，也可以不弯曲。在向下运动的前半部分吸气，在向上运动结束时候呼气。

注释

这是一种很好的基础练习，但对背部和臂部要求很高。它非常适合在练习中增加练习的宽度（当然这受每个人的身材影响）。练习过程中，练习者的姿势必须标准、垂直、呈一条直线并完整地完成整套动作。如果身体向两侧晃动并上身需要通过晃动得以休息，这都说明技巧有误。已重复多次并取得一定进步的练习者可将负重悬在安全带上，但不建议开始时就加快练习的节奏和增加重复的次数，要先适应加大的力量，因为力量一旦过大，就可能损伤关节、三头肌或甚至损伤到脊椎。

初学者应选择“向胸部拉伸Latziehen”的练习方式（练习11）。抓紧的话，臂部也能被纳入到训练中去并可以帮助承受一部分背部的负重。这样移动的距离也更大。下文将根据难度，按照顺序详细介绍各种练习的变型方案1.6，1.4，1.3，1.2，1.5。

常见错误：速度过快、移动幅度不足、与身体之间的平衡、上身弯曲以及肘部向前，这样就需要借助胸部肌肉、弯曲膝盖而引起晃动，还可能握力不牢，身体下降时臂部挺直。

小知识

强烈建议练习时带上质量较好手套，这比徒手运动更卫生，同时还可以防止受伤（尤其是由于和杆之间摩擦产生的伤痛），另外还可以阻止杆与手部长期接触后生锈。

1.5 将杆拉至髋部

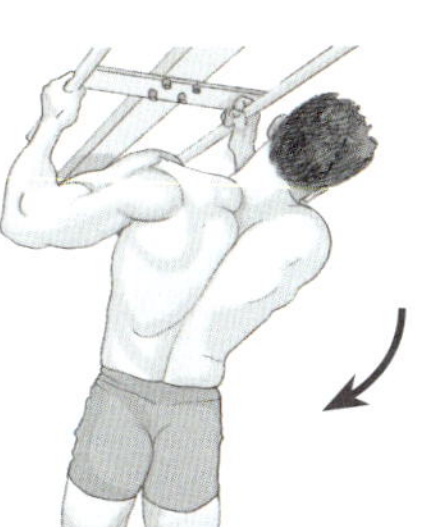

参与的肌肉：背阔肌、三头肌、肱肌，圆头肌、胸肌（下部）、锯肌

实施过程：握紧，臀部（而不是锁骨）接近杆，为此要向后弯曲身体。类似于“穿衣服”的动作，但动作更紧张。

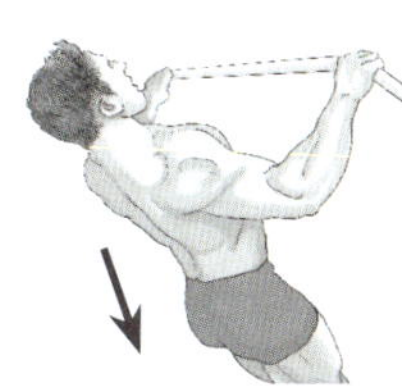

1.6 利用低杆练习，支起双脚

参与的肌肉：背阔肌、圆头肌、肱肌、圆头肌、二头肌（短头）、斜方肌、圆头肌

实施过程：杆放在较低位置（例如多功能健身床），脚立在底座或地板上。身体尽量保持水平。将身体抬高的过程是融合了引体向上和杠铃练习。胸部被拉向杆。

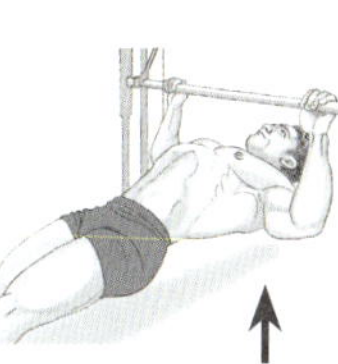

杠铃划船练习（Langhantelruderr

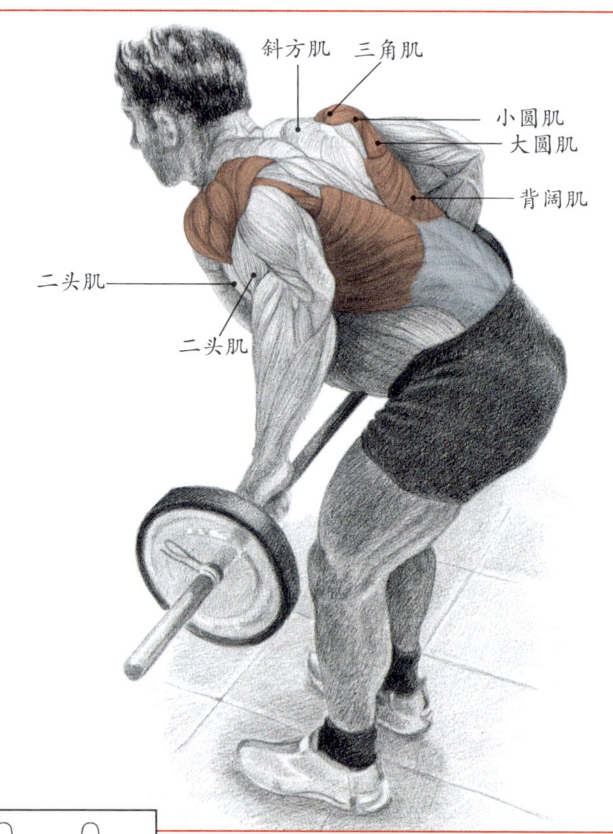

参与的肌肉

主要肌肉： 背阔肌、圆肌和三角肌
次要肌肉： 菱形肌、二头肌、肱肌、肱桡肌、斜方肌、冈下肌和腰肌
对抗肌： 胸大肌、三头肌和二头肌的前部

变形方案 2.2 使用小哑铃

参与的肌肉： 背阔肌、圆肌和三角肌后部

实施过程： 以中度力量握住小哑铃，移动距离更大，重心接近于身体的重心（更接近）。

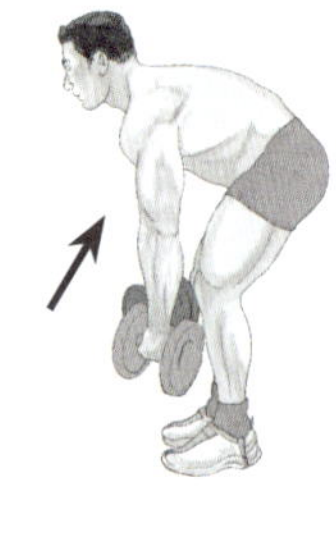

2.3 下抓

参与的肌肉： 背阔肌、圆肌、三角肌的前部和二头肌

实施过程： 这一练习可以使用杠铃或小哑铃，能够更好地锻炼到二头肌。但背部变化很小，因为它主要锻炼到下臂，而不是上臂。

2.4 使用小哑铃和紧抓

参与的肌肉： 背阔肌、圆肌、三角肌的前部和二头肌

实施过程： 这一练习可以使用杠铃或小哑铃，能够更好地锻炼到二头肌。但背部变化很小，因为它主要锻炼到下臂，而不是上臂。

实施过程

你站立时上身挺直，髋部弯曲大约45度角，膝盖微屈，臂部伸直。上握住杠（手心朝向身体），双手之间的距离略大于肩宽。你用臂部的力量将杆向上拉至腹部区域，同时肘部弯曲。放下力量前深呼吸，运动过程中屏住呼吸，（快速）向上提起哑铃结束时把气呼出去。期间需要注意通过呼气而达到的绷紧效果不会减弱，因为它有助于使上身稳定。

注释

本部分介绍的是基本练习（也可以称为“法式划船”），但对所有肌肉都有很高要求，尤其是背阔肌。这一练习能锻炼到的部分更多（中间纤维mittelre Fasern）并能够增大力量，因为它尤其对躯干和腿部有要求。

初学者应利用器械练习。受过训练的运动员可以承受更大的负重，但技巧要正确，这样才能避免发生危险，尤其要预防腰部受伤。上文所介绍的呼吸方式虽然不典型，但一定要配合这种呼吸方式练习，这样才能防止脊椎受伤。如果需要判断姿态是否端正，可以将额头顶在架子或另一个支撑点上（但并不是支撑在该处）。还有更安全、更值得推荐的变型方案（参见练习2.5、练习11等）。

常见错误：由于拉伸而摇摆身体，每组动作进行的不完整或拉伸距离不够，背部弯曲，杆靠近胸部，呼吸错误。

小知识

身体的重心是一个想象的点，指的是物体重量的中心。人身体的重心就是身体所有部位的重量中心。大多数人的重心都在骨盆附近（在保持人体解剖学意义上的姿态），尽管它更取决于每个人的体态和身体各部位的长度，还取决于身体的重量和重量分配以及所保持的姿态等等。

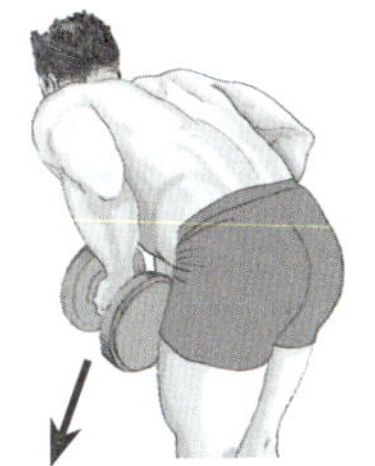

2.5 在长椅上

参与的肌肉：背阔肌、圆肌、三角肌的后部

实施过程：身体放在底座上，两臂放在身体两侧，由此移动距离缩短，但这种具有危险性的拉伸减轻了脊椎的负担。

2.6 三孔杆（Trizpes-Stange）

参与的肌肉：背阔肌、圆肌、三角肌的后部

实施过程：结合了杠铃和用小哑铃和闭合握杆动作的特征，但并没有增加练习的难度。

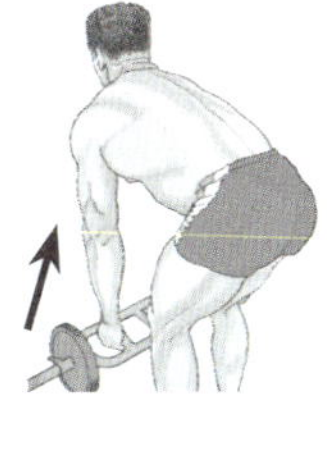

使用T形杆的划桨练习

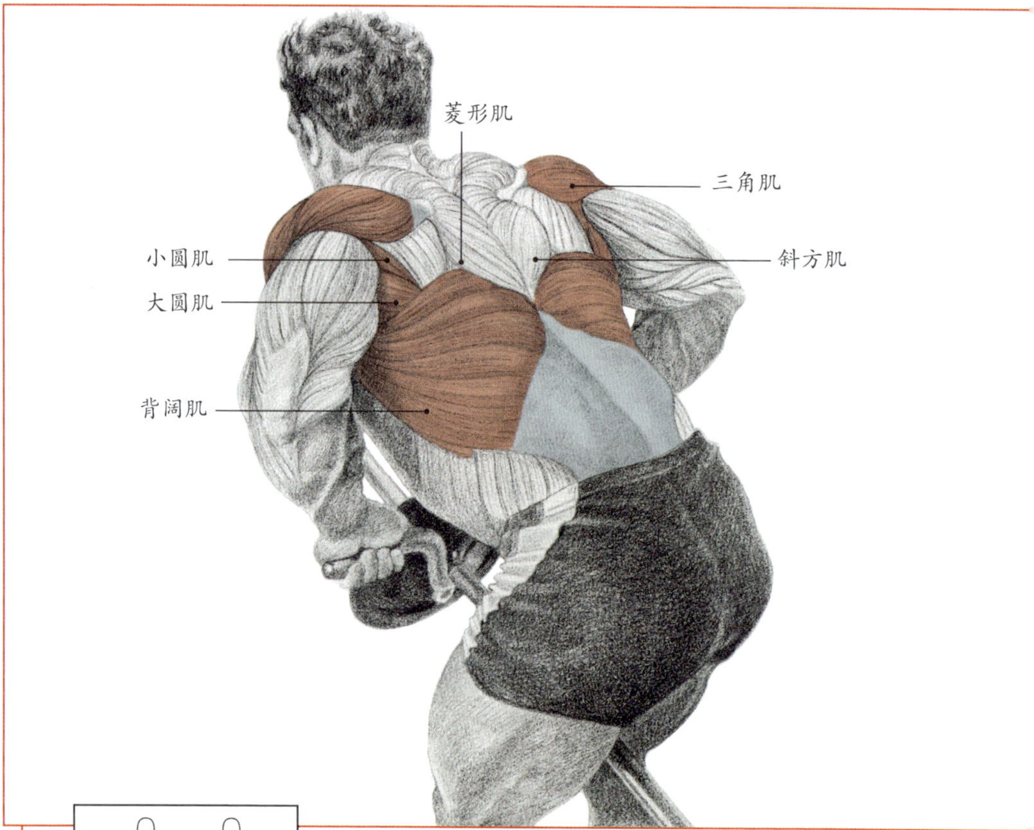

菱形肌
三角肌
小圆肌
斜方肌
大圆肌
背阔肌

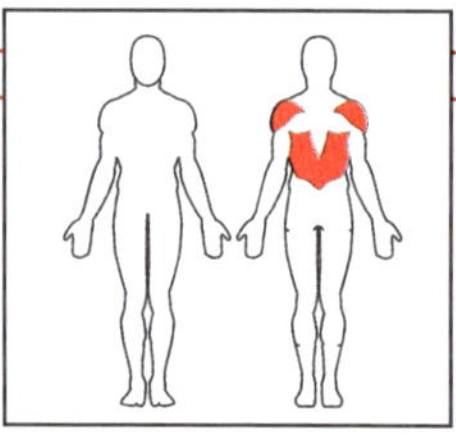

参与的肌肉

主要肌肉：背阔肌、圆肌和三角肌的后部
次要肌肉：菱形肌、二头肌、肱肌、肱桡肌、斜方肌、冈下肌（和腰肌）
对抗肌：胸大肌、三头肌和二头肌的前部

变形方案　3.2 远握（weiter Griff）

参与的肌肉：背阔肌、圆肌、三角肌的后部和斜方肌

实施方式：这个练习几乎是使用T形杆来完成，但由于两手握杆相距较远，而将一部分负重转移给背部的上区域。在这种针对背部的拉伸练习（引体向上、划船姿势）中，如果两手握杆相距较远并且打开，那么移动距离就会比较短。

实施方式

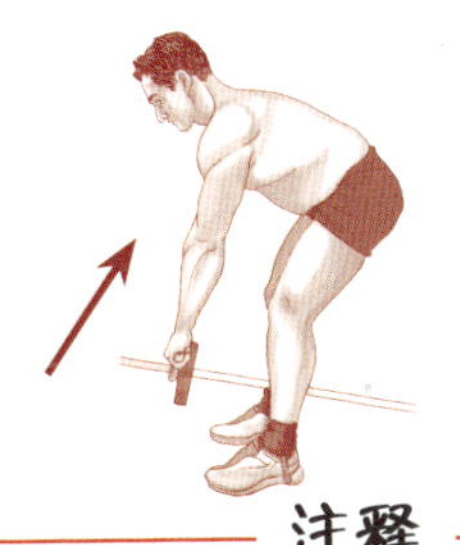

你站立时上身挺直，髋部弯曲大约45度角，膝盖微屈，臂部伸直。上握T形杆（手心朝向身体）。你用臂部的力量将杆向上拉至腹部区域，同时肘部弯曲。与此同时，整个身体也随之移动。由于这一姿势，在放下重量前吸气，然后屏住呼吸，在向上移动的最后三分之一处呼气，但不要把所有气体都呼出。

注释

在使用T形杆做划船动作时，几乎所有“杠铃”练习的注释（参见练习2）都适用。但本练习的姿势更舒服，对脊椎的压力更小，这是因为负重是倾斜施压的。如果不使用特定的杆，那么可以将杆立在角落处的地板上，在可移动的一端上设计有一个杠铃片（Scheibe），并在该处设计一个可用抽拉的横杆。这样如果杠铃片在下上的移动过程中接触到练习者的上半身，那么练习的移动距离就会缩短。因此尽量使用直径小、厚一些的杠铃片以及手柄可动的横杆。

还有一种类似的练习，使用的是带负重盘（Gewichtsplatte）的器械，但这种器械类型较为单一，所以未能推广。

常见错误： 由于练习距离过度、每节练习或移动距离不够、背部弯曲或其他错误姿势导致身体发生摇晃。

3.3 单手

参与的肌肉： 背阔肌、圆肌、三角肌的后部

实施方式： 这一练习的方法与基础练习相同，只是单手并在身体的一侧。负重自然更小一些，因为只用一只手，而且身体的姿态也不同。但这种练习类型的唯一优点是负重集中在背部一侧，移动距离也由于角度的原因稍微有所延长，但这并不意味着这种练习的变型方式可以很好地替代传统的练习方式。如果不拿杠铃的手可以放在支座上，从而给腰部区域减轻负重，那么可以是对传统练习的改良，具体参见下一个练习（参见练习4）。

哑铃划桨练习（或者哑铃提拉练习Kurzhantelrude

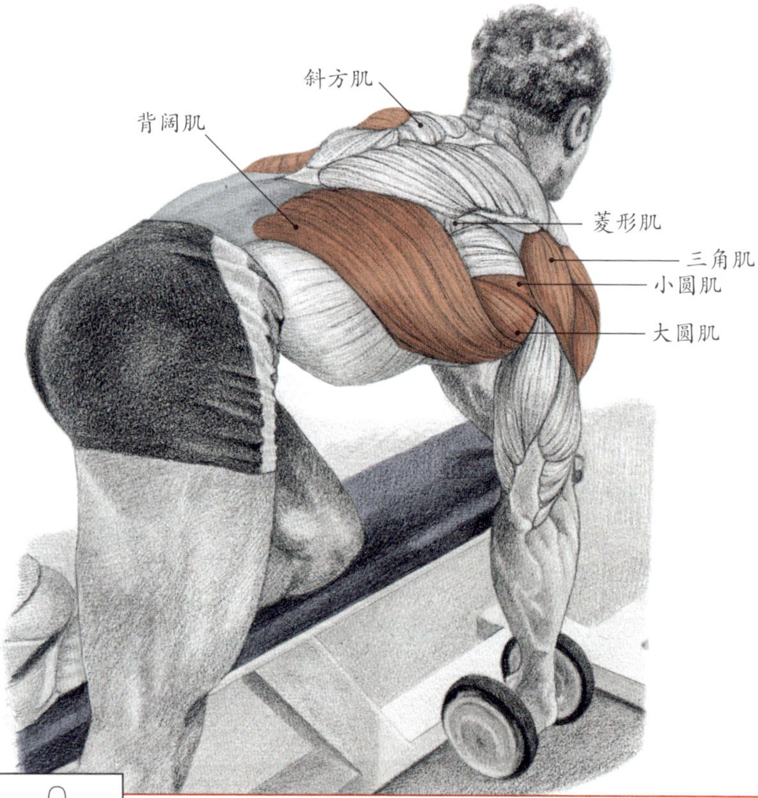

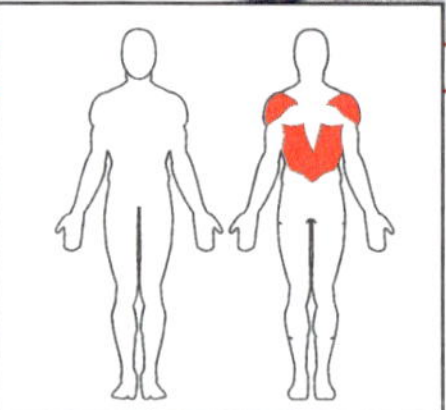

参与的肌肉

主要肌肉：背阔肌、圆形肌和三角肌的后部
次要肌肉：菱形肌、肱二肌、二头肌、肱桡肌和斜方肌
对抗肌：胸大肌、三头肌和三角肌的前部

变形方案 4.2 打开

参与的肌肉：背阔肌、圆形肌、三角肌的后部、菱形肌和斜方肌

实施方式：它与基本练习的唯一区别是肘部与身体的距离更大，这样才能将对背部最上方的负荷转移（后三角肌、斜方肌、菱形肌……）

4.3 立起身体

参与的肌肉：三角肌的后部、斜方肌、背阔肌、圆形肌和三头肌（长头）

实施方式：身体不再是与地面完全平行，而是倾斜，上身呈对角线形并且要比基本练习时承受的负重更少。这样就增大了对斜方肌和背部上方其余部分的要求。但哑铃是在垂直方向上移动。

实施方式

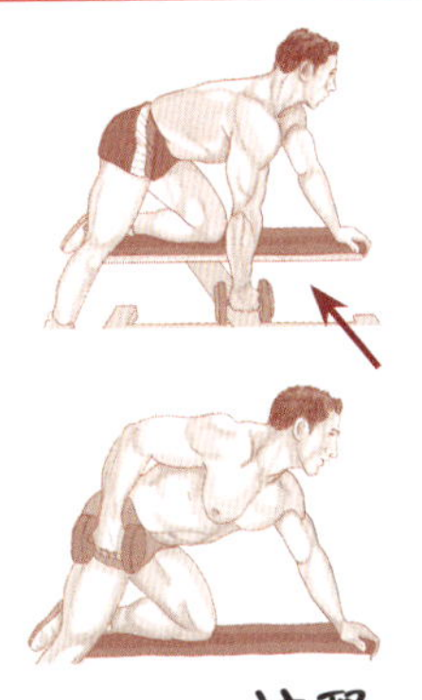

你的手和同侧的膝部保持在同一个水平的支座上，而另一只手以中等力量握住哑铃。伸开或半蜷的腿部与底边构成对角线形并稍微位于身体后方（根据身高），这样上身就能保持水平或在一条直线上。从通过延展背阔肌的最低位置出发，你举起哑铃并将其移动至髋部（像锯木头一样）。肘部的移动接近上身，下身则垂直于底面。在向上移动的过程中吸气，然后屏住呼吸，在向下移动的最后阶段呼气。

注释

对于初学者和已经取得一定进步的练习者来讲，这是一种传统的练习方式，它要求的重量相当大，背部受伤的风险也很小。难度在于它实际上是对背部肌肉的负荷。因此应垂直移动，因为始终是在与重力相反的方向上移动负重（这是“灵活负重”的预定值），负重应集中在背肌上。因此如果倾斜着将哑铃从头部引向髋部，那么动作就是错误的。接受过训练的或取得一定进步的练习者，如果希望使用更大的负重，那么可以尝试将双脚都放在地面上。在此前支撑在支座上的腿部要朝向前方。

常见错误：将重量举至肩部，向前方放下重量以替代在垂直方向上方向，在向上移动时旋转身体上部过猛，重量太小，由于垂直站立的脚部而导致身体上部弯曲（例如支座低的时候）以及身体上部偏离水平方向。

小知识

在每组练习的最后再重复2次或3次的窍门：结束时停顿几秒钟后再放下重量，呼吸3～4次并试着再重复1次或多次。可以在负重过大时，每次重复动作都可以使用这个小技巧，同时动作受阻时，要注意保护伸展姿势下的几个关节。因此这一练习要求技术娴熟和注意力高度集中。

4.4 站立，臂部挺直

参与的肌肉：背阔肌、大圆肌、三头肌（长头）和三角肌的后部

实施方式：重量小得多，但是与基础练习相同的姿势，在肩部伸展、臂部挺直的情况下，哑铃被举高到接近身体上部。此时对三角肌后部以及大圆肌的要求都非常高。由于在这种变型练习中，背肌收缩，因此建议将其作为一个训练单元的结束或训练计划的替代。三头肌以同样力度收缩，也就是在肘部和肩关节上方拉伸的三头肌的长头同样积极参与这一移动过程。

哑铃上拉练习

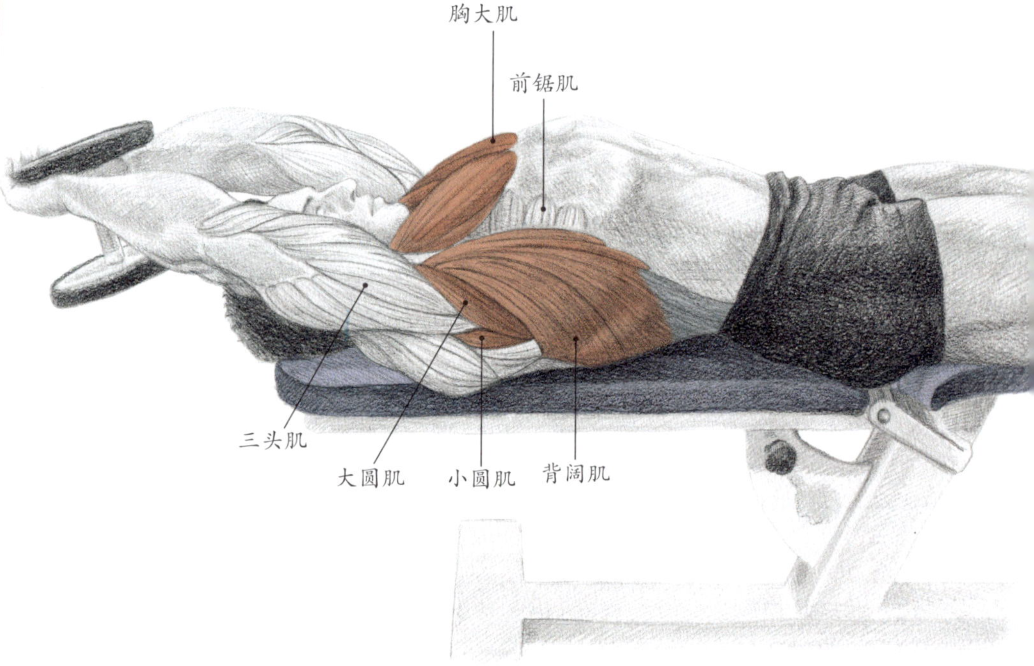

胸大肌
前锯肌
三头肌
大圆肌
小圆肌
背阔肌

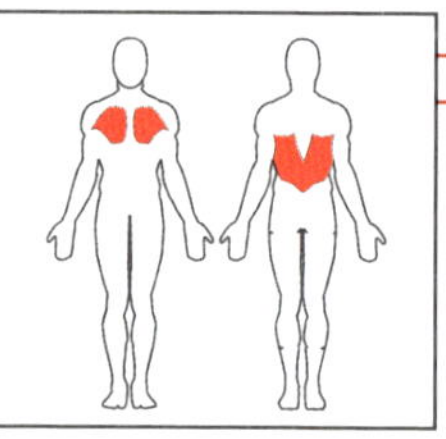

参与的肌肉

主要肌肉：背阔肌、圆形肌和胸大肌
次要肌肉：前锯肌、三头肌（尤其是长头）和圆形肌
对抗肌：胸肌和三角肌的前部

变形方案 5.2 使用两个哑铃交替动作

参与的肌肉：背阔肌、圆形肌和胸大肌

实施方式：这一练习与基础练习相同，但使用两个哑铃并且动作交叉进行。这样就可以更独立并将更大力量集中在相关肌肉上，但这对胸腔和呼吸的影响更小。因此这一练习方案并不优于上文已介绍的练习。

5.3 与支座平行

参与的肌肉：背阔肌、圆形肌和胸大肌

实施方式：臀部悬在空中，肩膀支承在一个与身体垂直的支座上。放下重量时，臀部也随之在力量的控制下稍微下降，这样伸展地更充分，但也可能危及到腰椎。开始时，负重被从支座上提起，然后被放置在身体一侧的支座上（或一起练习的伙伴接住该负重）。

实施方式

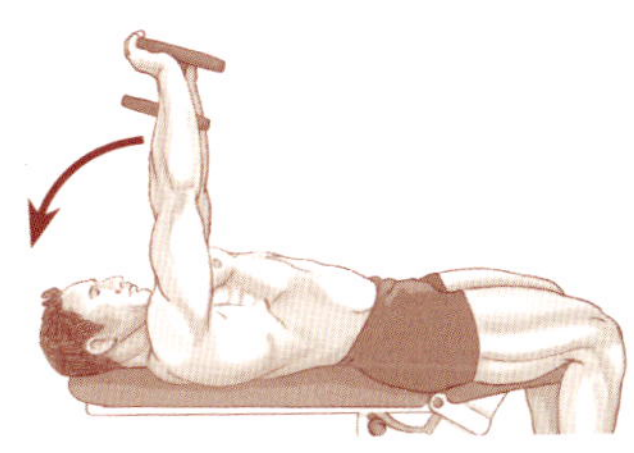

你躺在支座上，头部位于支座的边缘，双手向上垂直地举起哑铃，同时手掌接触哑铃上面圆盘的内侧面。肘部半屈，重量随之缓慢地降低，经过头部，然后低于头部。与此同时请你深呼吸。肘部的弯曲状态保持不变。你重新回到初始位置，但同时收缩背部肌肉。注意在向上移动时呼气。

注释

尽管在此对胸肌要求高，但这一练习方式还是被归纳到背部练习中。从传统的分类标准来看，它理论上属于“扩展”胸腔和提高胸肌延展性的练习。如果已经停止发育，那么这种练习可能事实上无法延长和扩展骨骼结构（但可以增强）。不过肋骨是特殊的情况。事实证明胸软骨区域内胸腔可以得到一定程度的扩展，因为它比骨骼结构的延伸性更好。但目前在这一方面的研究还很少，因此只能有所保留地看待这一观点。不论是使用杠铃还是哑铃，肌肉的负荷没有明显差别，但使用杠铃想要达到平衡状态就相对更难。因此在不同方式的上拉练习中都要忽视对二头肌和其余肘关节的伸肌的负荷。这里主要指的背肌承受的负荷比平拉（Latziehen）或划动练习时更大——尽管它不一定更有效。

常见错误：重量过大、呼吸错误、移动距离过长或过短，肘部弯曲/伸展和臂部的外旋。

小知识

呼吸

主要肌肉：横隔膜、肋间肌、Rippenheber、上后锯肌和下后锯肌以及胸横筋。

次要肌肉：腹肌、脊椎的Hebemuskel、颈椎和胸椎的伸肌、胸大肌和小胸肌、四角的腰肌、Treppenmuskel、胸锁乳突筋和斜方肌

5.4 使用杠铃

参与的肌肉：背阔肌、圆形肌和胸大肌

实施方式：我们上握杠铃，动作和使用哑铃相同。这一练习要比使用哑铃的练习方式更危险，因为练习者很容易失去平衡。但可以使用相对更小的重量，臂部也要得到更强的伸展。这里说的不是对更多“肌肉力量”的训练，由于练习过程中锻炼到关节，因此建议尽量不要给自己增加太大的负荷。

将哑铃举至躯干前方/卧位的垂直外展运

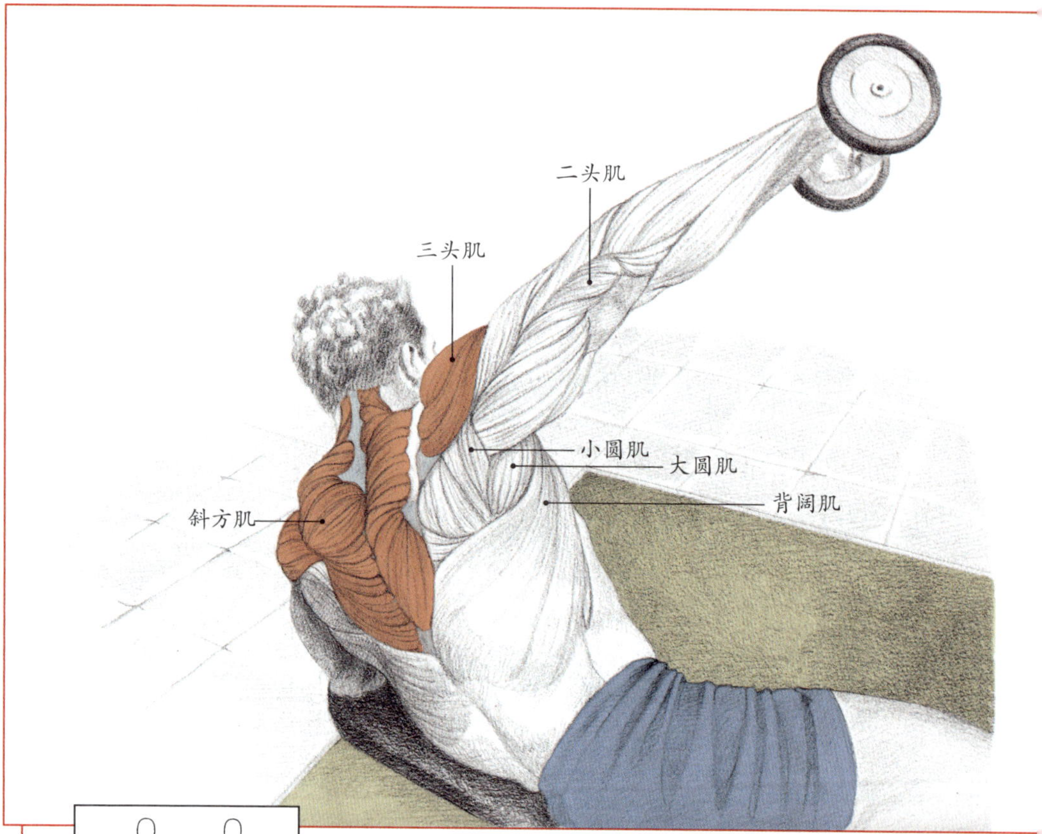

二头肌
三头肌
小圆肌
大圆肌
背阔肌
斜方肌

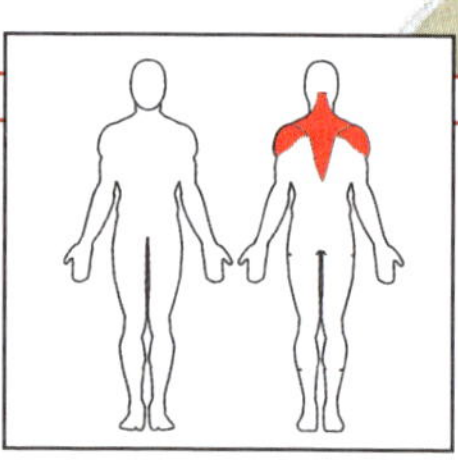

参与的肌肉

主要肌肉：三角肌（内部）和斜方肌
次要肌肉：三角肌（中部）、背肌、圆肌、菱形肌、三头肌和冈下肌
对抗肌：三角肌的前部、胸肌和二头肌

变形方案

6.2 肘部接近躯干

参与的肌肉：三头肌的后部、背阔肌、圆肌和三头肌

实施方式：这一练习的姿势与上一个相同，但肘部更接近躯干。优点是能够使用更大的力量，主要是对背肌的力量要求高。三角肌用相同的力量保持臂部，因此它不是紧贴在侧面，这样就可能出现错误动作，会使全部力量集中在臂部上。

实施方式

侧卧在长椅上，支撑起身体，保持住平衡，请你用空着的一只手垂直上握住哑铃（手掌朝向地面的方向）。你将哑铃从身体前方放低，低至比身体更低的位置，然后通过收缩三角肌后部以及邻近肌肉来将哑铃抬起，直到它重新回到水平位置。运动过程中，握住哑铃的一只手的拇指要指向底面或头部。注意在向下运动开始时吸气，到达上方位置后呼气。

注释

对初学者而言，这是个相对复杂的练习，但它是传统侧举练习的改良。尽管对腰部区域要求不高，但保持住在长椅上的侧卧姿势很难。

常见错误：为借助背肌（对背肌的依赖多于三角肌），肘部过于接近躯干，移动上身，弯曲/伸展肘部而导致身体晃动。

小知识

增加肌肉的三大支柱：智慧的锻炼、均衡的饮食和充分的休息。

6.3 直臂伸展

参与的肌肉：三头肌的后部、背阔肌、圆肌和三头肌

实施方式：一只手支撑在支座上，动作与单手哑铃划船动作练习相同（参见练习4），身体垂直，另一只手臂笔直握住哑铃，接近上身并将该哑铃向下引至背部。这一动作对背肌要求高，但你越伸展臂部/将臂部远离上身，背肌的压力越小（从90度角开始，对背肌大的要求就非常小）。

提哑铃耸肩

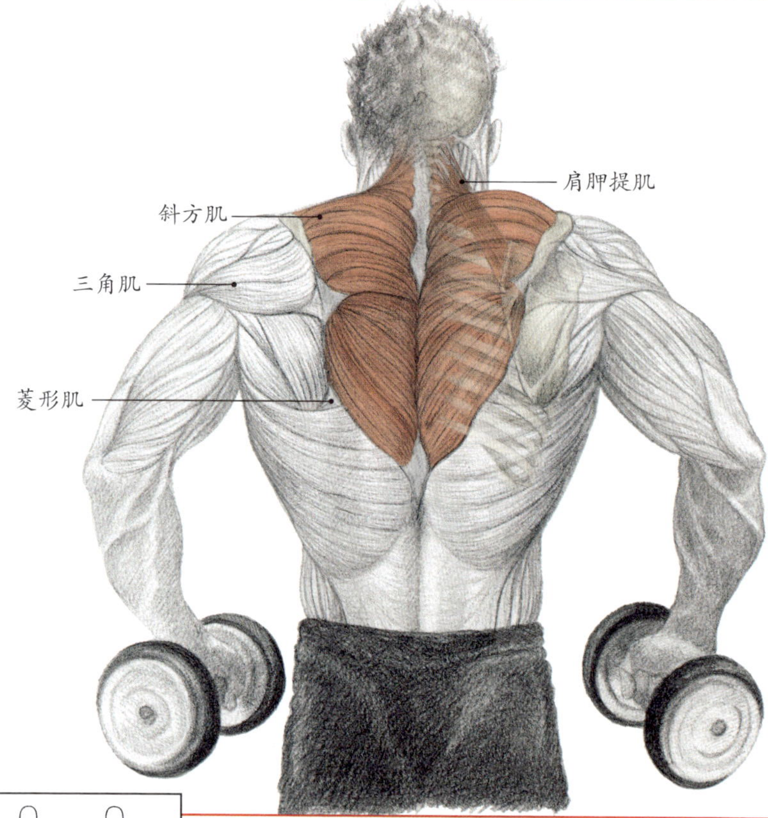

肩胛提肌

斜方肌

三角肌

菱形肌

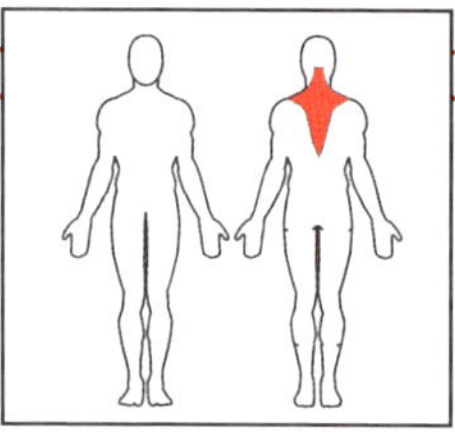

参与的肌肉

主要肌肉：斜方肌（上部）和肩胛提肌
次要肌肉：菱形肌、斜方肌（中部）、三角肌和冈上肌
对抗肌：小胸肌、斜方肌的下部、胸大肌和背阔肌

变形方案　7.2 旋转

参与的肌肉：斜方肌（上部）和肩胛提肌

实施方式：这一练习基本与上述练习相同，但肩部在哑铃向上和向下移动的过程中绕环（朝一个方向或另一个方向）。这一练习所使用的力量要相对较小，但对斜方肌的锻炼而言，它并不是非有不可。

7.3 使用杠铃

参与的肌肉：斜方肌（上部）、肩胛提肌

实施方式：用杠铃代替哑铃时，可以将杠铃置于体前或放在背后，在卧姿进行多压力或者多器械胸部练习时，在坐姿划船等练习时也是如此。基本原则与动作和基本训练相同，为了使训练有所变化，具体训练内容可以根据训练计划调整。此外，通过小的角度变化可以由此增加肌肉发力。当然，哑铃最符合自然握杆的生理结构。

实施方式

请放松站立，身体挺直，上身保持不动，以中度力量握住哑铃并放在身体两侧。尽可能长时间地抬起肩膀，请试着将力量抬起并保持一段时间。但要更紧张。注意向上运动前吸气，向下运动时呼气。

注释

这是一个非常卓越的，但又相对困难的练习，同时也是针对斜方肌和肩胛提肌的练习。它对斜方肌上部和邻近肌肉要求非常高。因为这一练习比较简单，所以适合各种水平的练习者。初学者可能在练习中进步很快。

常见错误：在较难的成组练习时肩膀旋转，重量过大或过小，移动距离不完整，成组练习过短或过少，为简化向上运动而弯曲肘部

小知识

斜方肌的基本功能：

斜方肌上部：提起肩胛骨（例如耸肩）

斜方肌中部：肩胛骨内收（例如空手握滑轮划船Rudern am tiefen Seilzug mit offenem Griff）

斜方肌下部：肩胛骨放低和内收（例如练习双杠时放低肩膀）

7.4 身体前倾

参与的肌肉：斜方肌（中部）、肩胛提肌和菱形肌

实施方式：与“使用杠铃耸肩”运动相同，但上身弯20度或30度角。同时承受负荷的斜方肌的纤维束更少，菱形肌承受负荷更大。倾斜角度可变。如果 使用器械在垂直方向上练习划船动作就更加舒适。如果保持使用T形杆做划船动作的姿势（参见练习3）时做耸肩动作也同样有效，除非使用灵活负重或在器械上锻炼。

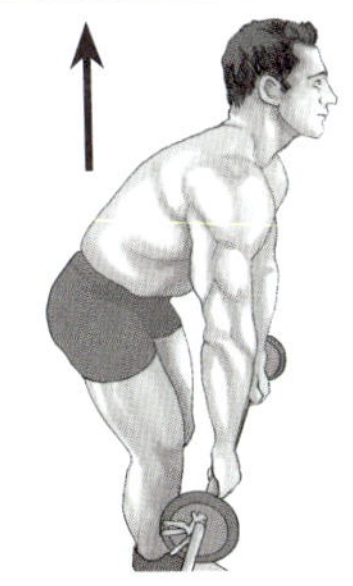

单手侧拉

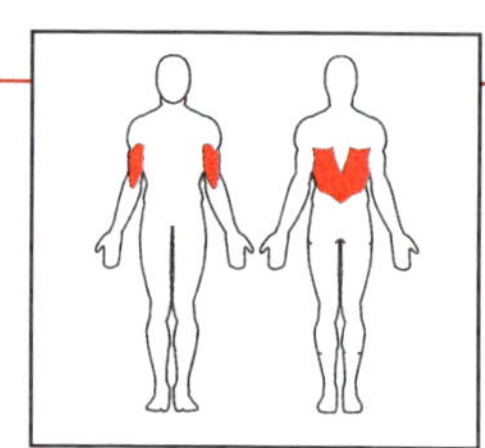

参与的肌肉

主要肌肉：背阔肌、二头肌、肱肌和大圆肌
次要肌肉：菱形肌、胸大肌、三头肌长头、大圆肌、上臂储存肌和斜方肌
对抗肌：三角肌、胸大肌和三头肌

实施方式

你站立时身体一侧靠在固定杆（水平的或最好垂直的杆）上。双脚接近杆，一只手握住杆，另一只手放在胯部上。身体挺直，双脚保持站立不动。然后拉伸臂部，使肘部接近杆。

注意在该运动的前半程吸气，后半程呼气。

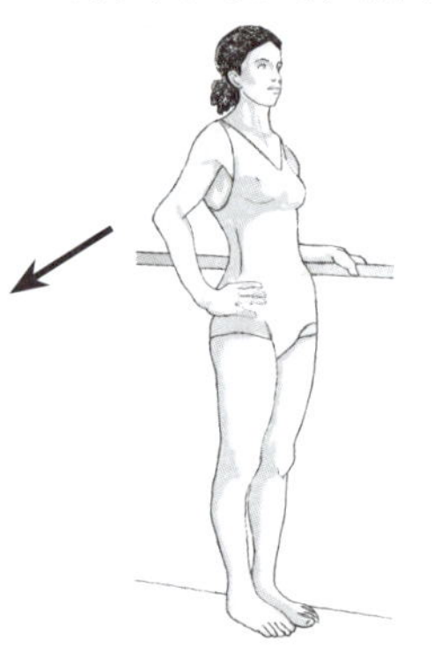

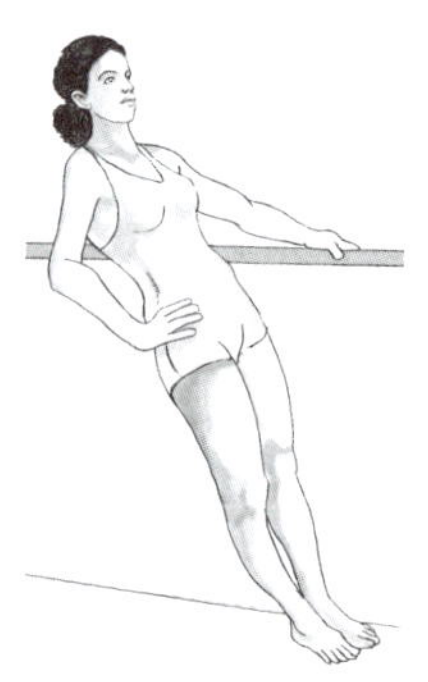

注释

这是一个简单的练习，它尤其适合初学者或用来热身。尽管这一练习非常简单，但它将所有重量集中在背部肌肉，因为在整个移动过程中，你的身体向一侧移动。否则臂部的屈肌就要承担所有重量，完成全部动作。你也可以用空着的一只手握住重量。你完全可以在健身房之外完成这一练习，即使没有器械配合。

常见错误：动作急促，而身体并非得到持续拉紧，臂部拉伸过度和身体弯曲

小知识
热身的特定是：重要和简短，但热身是不能不做的。

杠杆在背后，直臂

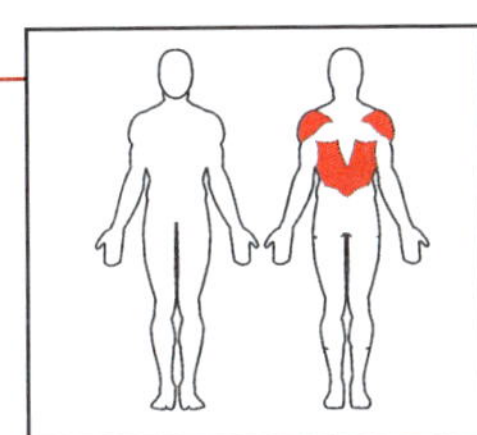

参与的肌肉

主要肌肉：背阔肌、圆形肌和三角肌后部
次要肌肉：三头肌、菱形肌、斜方肌、冈下肌和腰肌
对抗肌：胸大肌、二头肌和三角肌前部

实施方式

这一动作与“杠铃划桨”（参见练习2）类似，但在这一动作过程中，杠铃在腿部后侧，通过拉伸背后的肩部而抬高杠铃。

举起重量开始时吸气，然后屏住呼吸直到向下动作结束。

注释

这一练习不太常见，因为对三角肌后部力量要求高。由于这一练习中背肌典型搜索，所以建议它作为训练单元的结束并且作为日常训练的替代方案。和伸直手臂的“哑铃划桨”（参见练习4.4）一样，它要求三头肌等量收缩，但三头肌的长头，也就是在肘关节和肩关节上方拉伸的部分，同样积极地参与到运动中。

常见错误：姿势错误、力量过大和猛的身体晃动

在器械上拉伸

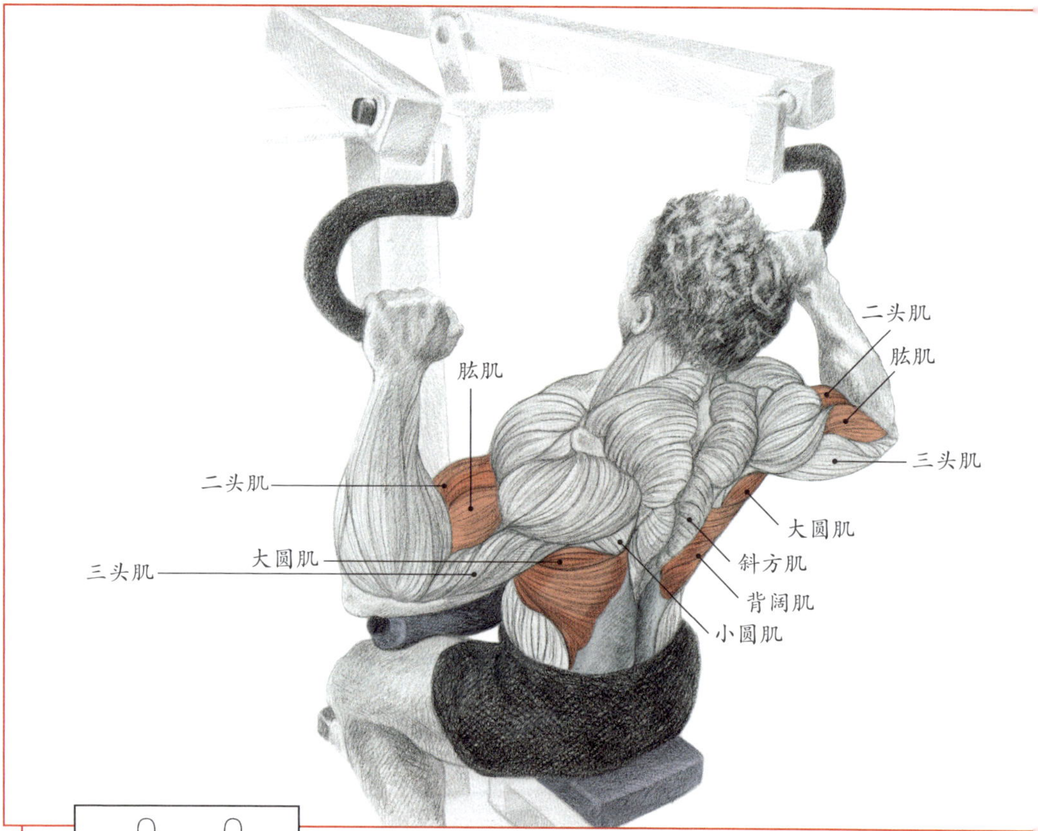

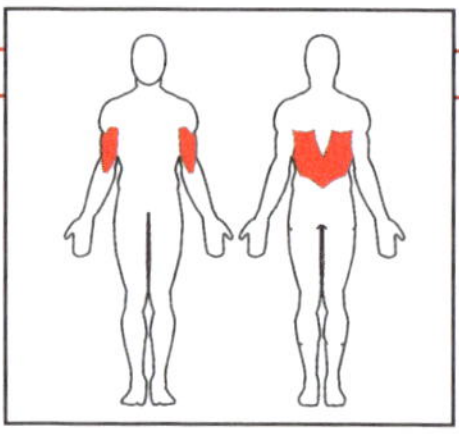

参与的肌肉

主要肌肉：背阔肌、二头肌（短头）、肱肌和大圆肌

次要肌肉：胸大肌（下部和外部区域）、三头肌长头、小圆肌、菱形肌、肱桡肌、斜方肌（下部）、二头肌（长头）和三角肌（前部和下部）

对抗肌：三角肌、胸大肌（上部）和三头肌

变形方案

10.2 单臂

参与的肌肉：背阔肌、圆形肌、二头肌（短头）、肱肌和肱桡肌

实施方式：如果该器械包括一个独立的杠杆，那么可以单手完成动作（尽管在一般器械上也可以完成动作，但姿势不太舒服）。为此建议另一只手在上方把持着等量的负重，通过这一方式使脊柱稳定。可用单手完成整个一套完整的动作或交替完成。无论如何都可以达到较好的移动距离，当然前提条件是器械结构完备、适合。

实施方式

你挺直背部坐下来，上握器械的把手（踝骨指向后）并将肘部贴近身体垂直方向拉伸。移动距离从接近最大距离直至收缩到身体上部较低的点。提起手臂时吸气，将手臂放到接近身体上部后呼气，但并不是吐出全部空气；负重较轻时，可以相反方向呼吸。

注释

这一练习对背肌及相邻肌肉要求非常严格，它非常适合初学者。这种器械由于不太适合改变而无法被使用在不同类型的训练场所，与可以取得同样效果并且看随意改变抓握方式的“拉绳”（参见练习11）相反。但必须指出的是，由于经济和商业上原因，很多训练场所都缺少这种器械，因此也较少用于背部锻炼，因为它与引体向上练习非常相近。这一器械的特点是它与引体向上或Latziehen动作（除非使用分开的杆练习）不同，头部可以在把手之间尽量伸直。

常见错误：上身向前弯曲，以支持胸肌和腹肌，移动距离不完整和负重太小。

小知识

如果身体停止生长，那么任何练习都无法再改变体型。但如果休息时呈水平状态，对椎间盘没有任何压力（例如睡眠时），则它的容积会变大。因此我们早上比晚上略高。

10.3 单手保持在下方

参与的肌肉：背阔肌、圆形肌、二头肌（短头）、肱肌和肱桡肌

实施方式：可以利用Latzug器械做这一练习，如果可以在最大程度收缩时保持移动，也就是可以像上一个练习一样交替来做。在初始位置时，两手放在下方，一只手在该处等量（isometrisch）保持，而另一只手重复动作，然后交换。这是一个强度很大的练习，还可以将它用在其他练习和其他肌肉群（使用哑铃锻炼二头肌，利用配重锻炼四头肌……）等。

向胸部的拉伸

三头肌
二头肌
小圆肌
肱肌
肱肌
三头肌
二头肌
大圆肌
背阔肌

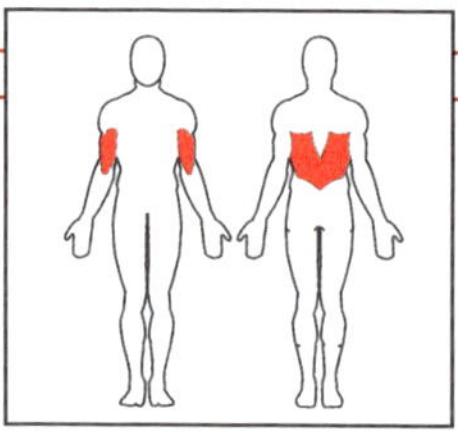

参与的肌肉

主要肌肉： 背阔肌、二头肌（短头）、肱肌和大圆肌
次要肌肉： 胸大肌（下部和外部区域）、三头肌长头、小圆肌、菱形肌、肱桡肌、斜方肌（下部）、二头肌（长头）和三角肌（前部和下部）
对抗肌： 三角肌、胸大肌（上部）和三头肌

变形方式 11.2 在颈部后方

参与的肌肉： 背阔肌、圆形肌、二头肌（短头）、肱肌和肱桡肌

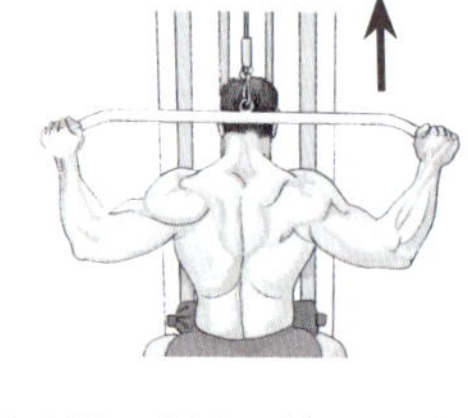

实施方式： 身体呈垂直状，头部向前倾，从而将杆放在颈部后侧，并且不会与之相撞。这一练习不允许偷懒或动作失误，尽管将杆放下时并看不到它。它对肌肉的负荷几乎相同。

11.3 下握

参与的肌肉： 背阔肌、肱二头肌、屈臂肌群、圆形肌

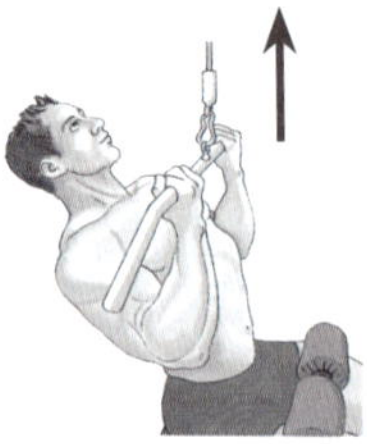

实施方式： 握紧拉杆，掌心向内。肱二头肌、臂屈肌群等肌肉发力屈臂。背部肌群会以非常典型的方式得到伸展。手臂在向上完成动作时不能完全伸直。

11.4 紧握

参与的肌肉： 背阔肌、曲臂肌群、上臂放射肌肉肌、圆形肌、胸大肌（下部）

实施方式： 窄握或者反握拉杆上部中间部位，背部肌肉通过长的动作伸展一起用力。手臂和胸大肌下部发力参与完成动作。

实施过程

你坐在Latzug-器械旁，双腿放在滚轮下方。背部挺直。你上握（踝部朝后）杆，略比肩宽。朝上胸肌区域拉杆，同时背部微微弯曲。此时，胸部和躯干略向后弯。肘部与身体侧面相垂直向下移动。抬起手臂时吸气，将其放下接近躯干上部后呼气，但并不是吐出所有空气；负重轻时，按照相反方向呼吸。

注释

不论是对已取得一定进步的练习者来说，还是针对初学者而言，它都是非常卓越的锻炼方式。尤其对于后者，它可以作为之后引体向上练习（参见练习1）的准备，其中肌肉的参与与其他练习类似。背部外侧和上侧负荷最大，因此可能使背部变宽几毫米（即使它根据个人体形的情况）。同时必须感受到肘部“贴在身体一侧”，双手像是钩子。而已有一定进步的练习者必须注意到不要使用过大的负重，以免二头肌和其他肌肉受伤。人们经常使用“错误的握杆”动作，同时拇指应在杆的上方，而且只有紧握住杆的时候，动作才能顺利完成。

常见错误：杆向下拉倒腹部（负重过小），身体上部弯曲以利用到胸肌和腹肌，运动距离不完整，伸长身体上部以利用腰肌，双手握杆不均以及双手在杆上相距过大。

小知识

传统流派的健美运动员认为“引体向上”在背肌锻炼上好于Latziehen，尤其在比较灵活负重练习和使用器械的练习时。至于所锻炼到的肌肉和肌肉强度，两种练习相差不多。初学者最开始尝试时很可能无法顺利完成动作（至少在没有充分掌握技巧时），而已取得一定进步的练习者原则上可以选择几公斤重的“配重”来锻炼肌肉和骨骼，这样就无需重复动作太多次；只有极少的人有能力完美地完成引体向上的动作并重复相应的次数。

因此Latziehen是很好的替代形式，无论是热身训练还是高强度练习。

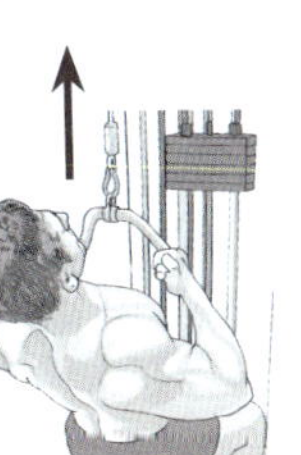

11.5 卧位

参与的肌肉：背阔肌、圆形肌、肱肌、二头肌、斜方肌和菱形肌

实施方式：你躺着，胸部在绳索之下，将杆拉倒胸部。在此，肘部离开身体（参见练习12“利用绳索划桨”）。为保持这一姿势，臀肌和腰肌必须被拉紧或只能借助另一个伙伴的力量。这一练习的负重略轻。

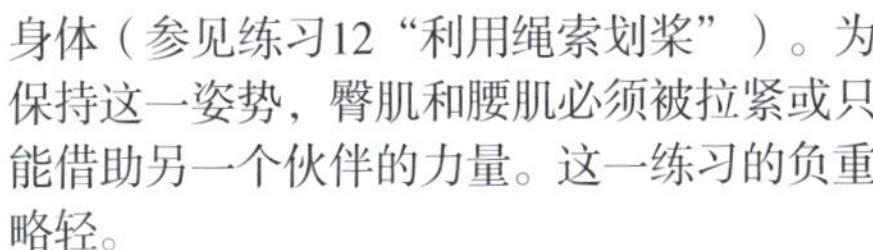

11.6 以中度力量握杆/T形杆

参与的肌肉：背阔肌、圆形肌、肱肌、二头肌

实施方式：两手握住杆的两端，距离较远，这样掌心相对。背肌没有变化。

12 背肌 器械

利用拉绳做划桨练习

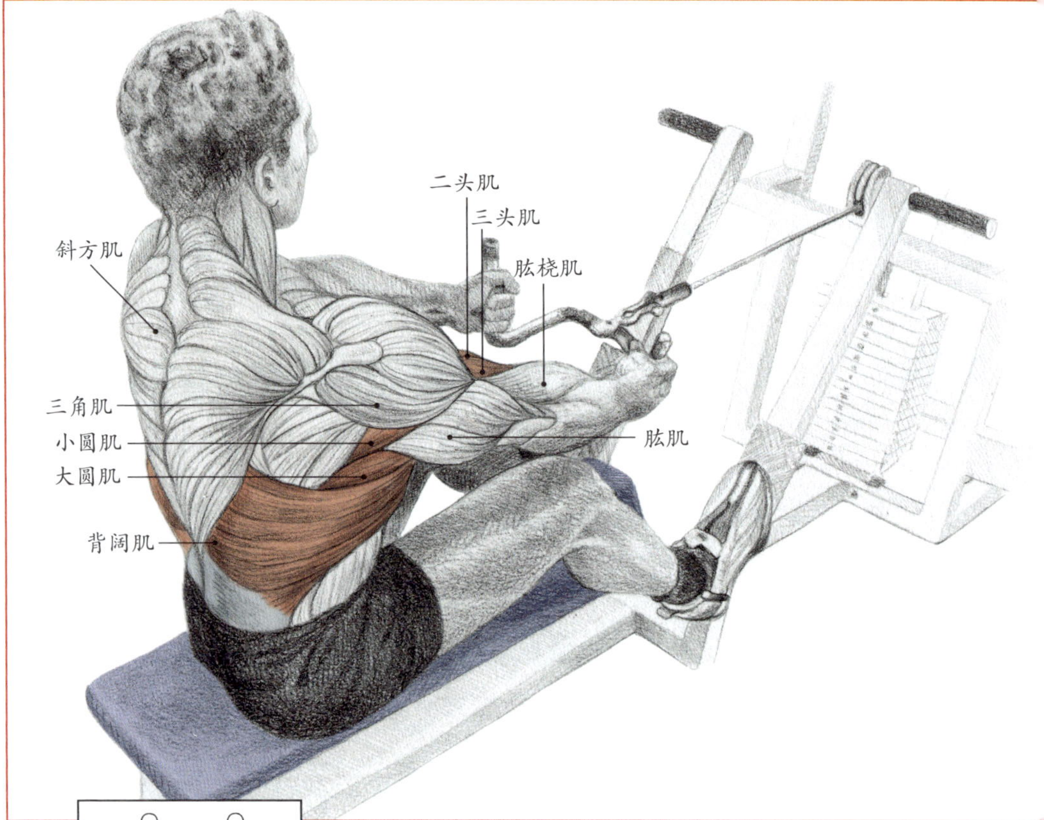

二头肌
三头肌
肱桡肌
斜方肌
三角肌
小圆肌
大圆肌
背阔肌
肱肌

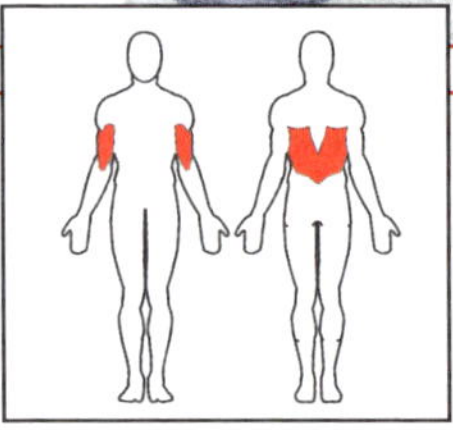

参与的肌肉

主要肌肉：背阔肌、肱肌、二头肌和圆形肌
次要肌肉：菱形肌、三头肌（长头）、肱桡肌、斜方肌（中部和下部）、三角肌的后部和腰肌以及平行于脊椎的肌肉
对抗肌：三角肌的前部、大圆肌和三头肌

变形方式 12.2 宽握

参与的肌肉：背阔肌、圆形肌、三角肌的后部、斜方肌、菱形肌、二头肌和肱肌

实施方式：这个练习是基础练习，但两手相距较宽握住杆，肘部总是离开身体（臂部与地面水平）。负荷主要在背部的上部区域。

12.3 握住高处的拉绳

参与的肌肉：背阔肌、二头肌、肱肌和圆形肌

实施方式：拉伸运动使用一个重量很轻的、固定在高处的绳索。练习动作处于Latziehen和划桨之间。如果增大负重，则需要抬起双脚以避免身体抬高，但上身不能继续向后拉伸，否则就变成传统的划桨练习了。

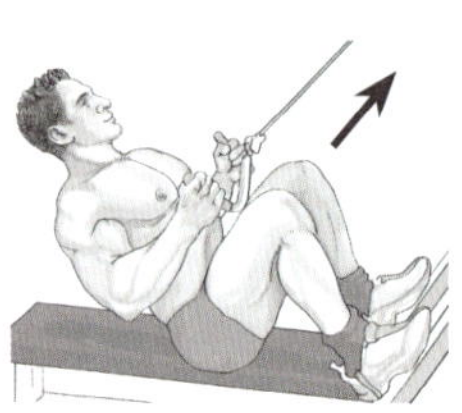

实施方式

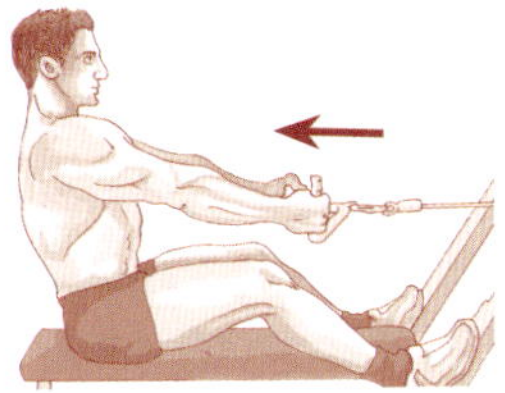

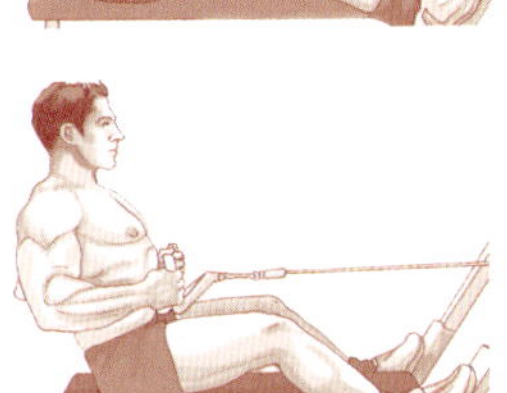

你保持坐姿，面朝拉绳，双腿半蜷曲并在前方支起。把手处于中间位置，由几乎完全拉伸开的手臂拉起。你朝腹部方向拉动绳索，同时扩张胸部，从而达到扩张背肌的效果。上身在腰部区域内的移动要尽可能短（轻度的伴随移动）。放下负重时吸气，举起时呼气；负重轻时也可以相反方向调整呼吸。

注释

这是一种非常好的锻炼背阔肌的练习，由于乔・韦德而知名，尽管并非由其发明（这种器械实际上属于健身房所使用最古老的器械）。你在进行这一练习时可以采用较大的负重，其中主要关注腰部区域。练习者通过这种练习方式可以很好地锻炼和重塑背肌，尤其是背肌的厚度，同时它也是对整个背部的负荷。腰部区域存在问题的人应该选择器械练习的其他变形方案（参见练习13），其中胸腔和腹肌能够得到促进。

应该感受到你是在“拉伸肘部”，也就是将肘部拉伸到身体两侧，而不是将手拉伸到身体两侧。与之相反，二头肌的参与可能对背部构成压力。初学者经常犯这种错误。

常见错误：躯干上部拉伸，从而求助于腰肌和与脊椎平行的肌肉，手朝胸部方向移动以及肘部距离身体太远以更好地利用二头肌，未能移动相应的距离或使用的负重过轻。

12.4 单手

参与的肌肉：背阔肌、二头肌、肱肌和圆形肌

实施方式：这个练习相当于基础练习，但是单手练习。负重当然更小，但它是对肌肉的恰当拉伸，同时精力更加集中在承受负荷的区域。上身的旋转肌肉（Drehmuskel）可必须控制住姿势。

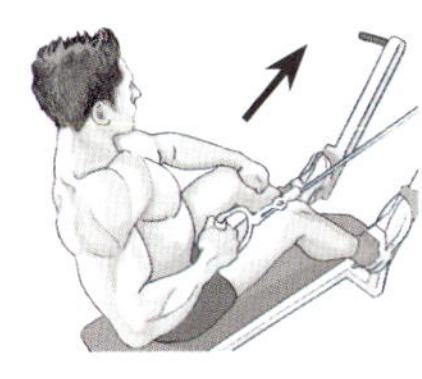

12.5 以中度力量握住/T形杆

参与的肌肉：背阔肌、圆形肌、三角肌后部、斜方肌和菱形肌

实施方式：这个练习类似于“宽握”练习，但以中度力量握住杆（双T）。臂部的屈肌在本动作中的参与较少。

使用器械做划桨动作

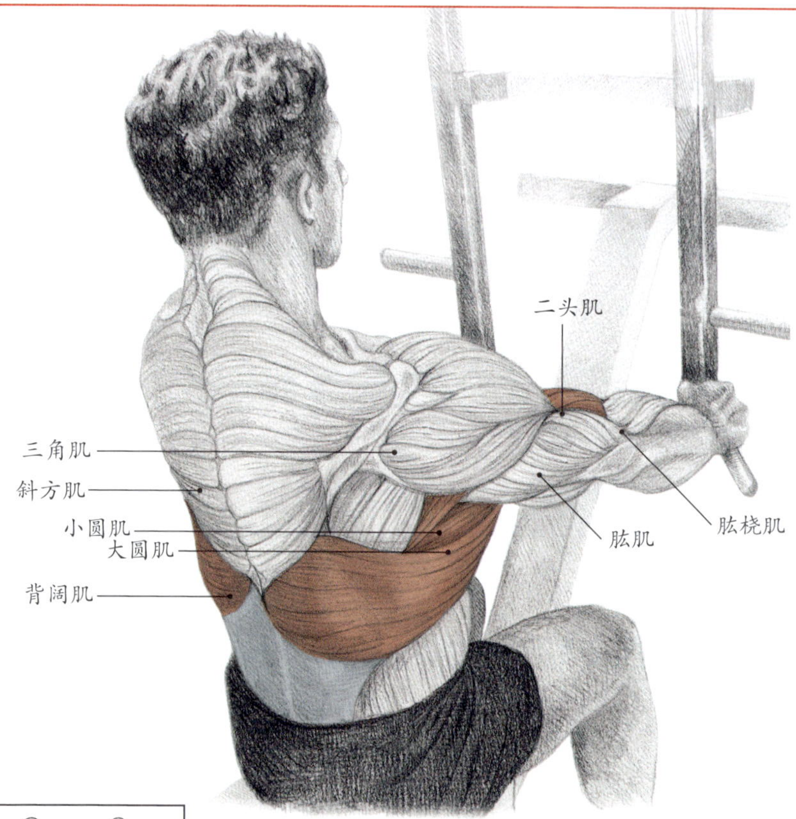

二头肌
三角肌
斜方肌
小圆肌
大圆肌
背阔肌
肱肌
肱桡肌

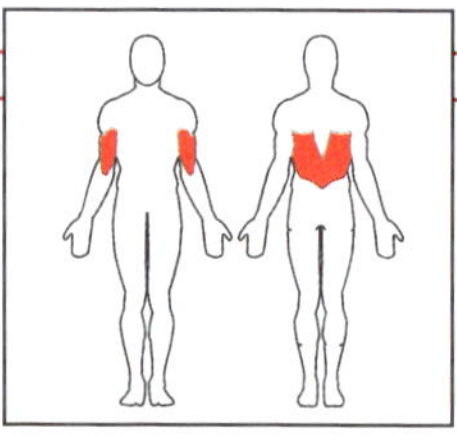

参与的肌肉

主要肌肉：背阔肌、肱肌、二头肌和圆形肌
次要肌肉：菱形肌、三头肌（长头）、肱桡肌、斜方肌（下部）、三角肌的后部对抗肌：对抗肌：三角肌的前部、胸大肌和三头肌

变形方案

13.2 宽

参与的肌肉：背阔肌、圆形肌、三角肌的后部、斜方肌、菱形肌、二头肌和肱肌

实施方式：这个练习相当于基础练习，但两手较宽地握住杆，肘部总是离开身体（它与地面水平移动）。这个练习将任务转移到背部的上部区域。三角肌的后部和菱形肌承受的负荷更大，背肌及相邻肌肉也是如此。但有些平时不常用的器械可以使用下握的方式（参见练习2.3“下握杠铃划桨”）。

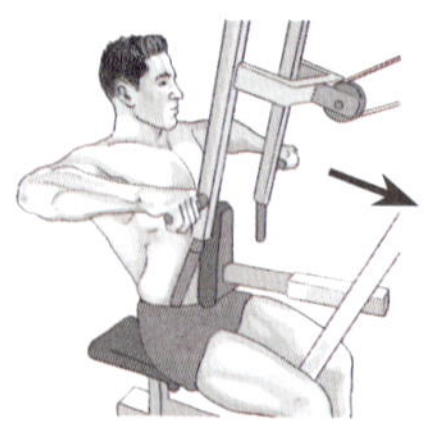

实施方式

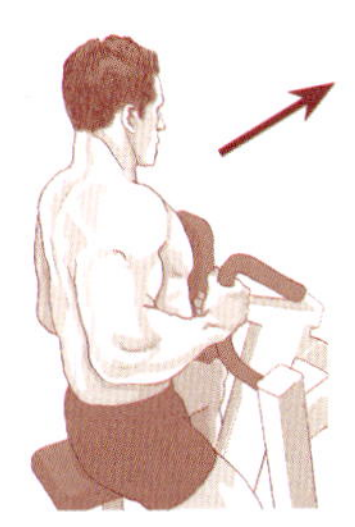

请你保持坐姿，胸部和腹部靠在支承垫上（不能离开）。请你以中等力度握住身体前方的把手并朝腹部方向拉杆。同时请你扩张胸部，从而收缩背肌。从理论上看，举起负重时吸气，放下负重时呼气，而并不是将气体吐尽。但呼吸并不是自然行为，因为腹部和胸部抵在垫上，这就加大了呼吸的难度。另外在移动距离过程其中一个阶段屏住呼吸，并且一定不要呼气。

注释

这一练习与使用低拉绳划桨练习（参见练习12）和杠铃划桨练习（参见练习2）类似，它的优点是阻止腰部区域和与脊椎平行的肌肉承受的负荷过大，以为依靠的是躯干上部。与之相反，不利的是腹部和胸部相互挤压可能加大呼吸的难度。使用某些设计和结构完善的器械时，双脚可以放在前方支撑轮的下方，通过对其施加压力来减小对胸腔的压力。在这种情况下，这一练习是非常适当替代灵活负重练习的形式。

常见错误：拉伸躯干上部以求助于腰肌和与脊椎平行的肌肉，移动距离不完整，器械安置不当（或者结构设计不合理）。

13.3 单手

参与的肌肉：背阔肌、二头肌、肱肌和圆形肌

实施方式：如果使用和基本练习（或者如宽握杆的练习）几乎相同的练习方式，动作需要有微小的不同之处。负重当然要小得多，这样才能对胸腔压力不会过大。由此可以适当地收缩特定区域的肌肉并更好地将注意力集中在这一区域，同时在有些情况下还能够达到更长的移动距离。另一只手必须握住胸部支架（Brustst ü tze），从而稳定和固定好躯干上部，这也是练习最困难的地方。

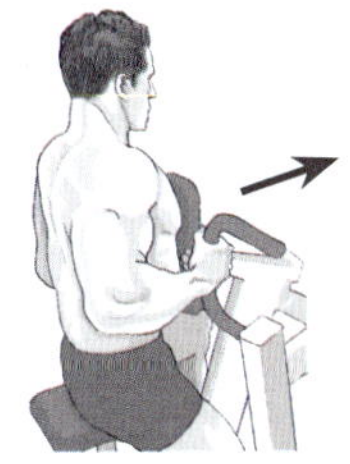

14 背肌 器械

站姿、低位拉绳划桨练习（Rudern im Stehen am tiefen Seil

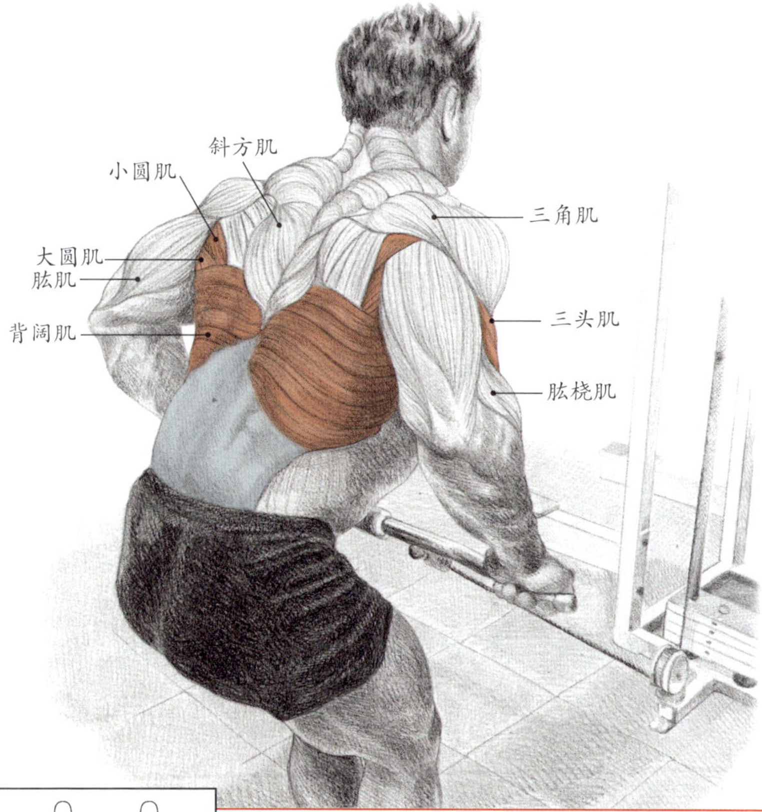

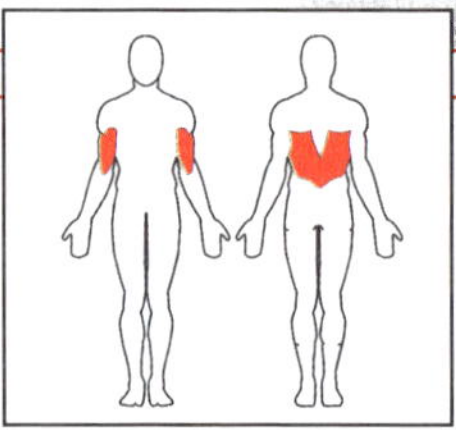

斜方肌
小圆肌
大圆肌
肱肌
背阔肌
三角肌
三头肌
肱桡肌

参与的肌肉

主要肌肉：背阔肌、肱肌和圆形肌
次要肌肉：二头肌、（腰肌和与脊椎平行的肌肉，）菱形肌。三头肌（长头）、肱桡肌、斜方肌和三角肌的前部
对抗肌：三角肌的前部、胸大肌和三头肌

变形方式

14.2 高位拉绳

参与的肌肉：背阔肌、圆形肌、三角肌的后部、斜方肌、菱形肌、二头肌和肱肌

实施方式：如果你拉的一根固定在高位的拉绳，那么身体必须挺直，也就是上述练习和“向胸部拉伸Latziehen”（参见练习11）之间的过渡阶段。腰部区域没有承受负荷，但所用负重还是要小（因为可能出现力量不均衡的情况）。这一练习实际上是高位拉绳的上拉练习（参见练习15）的有益补充，以Supersatz的形式，如果锻炼到肌肉失灵的话。

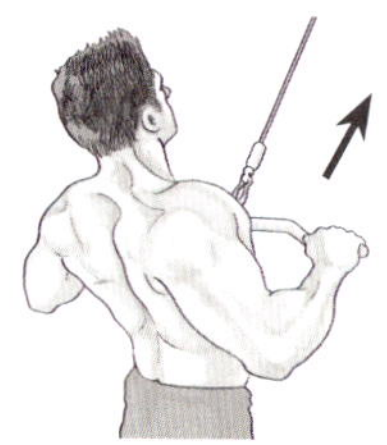

实施方式

立位，上身向前弯大约45度角，膝盖稍弯，背部挺直并且固定住，上握（手心向下）杆。杆被固定在自低位开始的拉绳上，请你一面上拉拉绳至腹部上区域，一面扩张胸部。在你放下负重前请张开嘴深呼吸，移动过程中屏住呼吸，向上运动时（快速）吐气。在此应该注意到不要减弱通过控制呼吸而达到的张紧效果，因为它有助于支承躯干上部。

注释

这个练习与“使用T形杆划桨”（参见练习3）类似，但使用的工具是拉绳。与上述类型相比，本练习的优点是，在掌握毫无瑕疵的技巧前提下，紧张状态不变的情况下移动更加轻缓。原则上，它的最大缺点是负重更小，因为人的身体在负重过大时身体向前倾斜（因为拉伸方向为对角线）。因此本练习的最大困难在于准确地保持背部和身体其他部分的姿势，因此本练习不适合大面积推广。

常见错误：为借助于腰肌和与脊椎平行的肌肉而拉伸躯干上部，移动距离不充分和背部弯曲。

小知识

素食主义者在肌肉锻炼时可能取得更好的成果，但你至少不要把奶制品从你的菜单上划掉。

14.3 单手

参与的肌肉：背阔肌、圆形肌、三角肌的后部、斜方肌、菱形肌、二头肌和肱肌

实施方式：使用一只手的基础练习，另一只手放在支撑物上或膝盖上。姿势类似于“单手哑铃划桨练习”（参见练习4）。自相矛盾的，与双手练习相比，背肌上承受负荷的区域是成比例的，也就是逐步承担负荷（不能绝对地看），因为不均衡性和脊椎承受的压力更小。但为避免身体旋转而有必要地固定躯干上部加大了练习的难度。

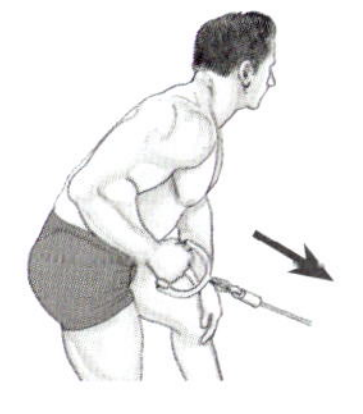

14.4 下握

参与的肌肉：背阔肌、圆形肌、三角肌的后部、二头肌和肱肌、斜方肌和菱形肌

实施方式：这一练习的姿势和移动与基础练习相似，但练习者下握杆，也就是手心朝上。二头肌参与动作更多，背肌的负荷稍向后转移，如果臂部移动到身体侧面附近。

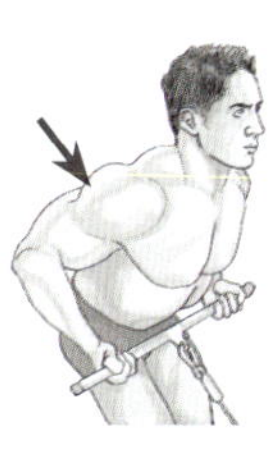

15 背肌器械

使用高位拉绳的上拉练习

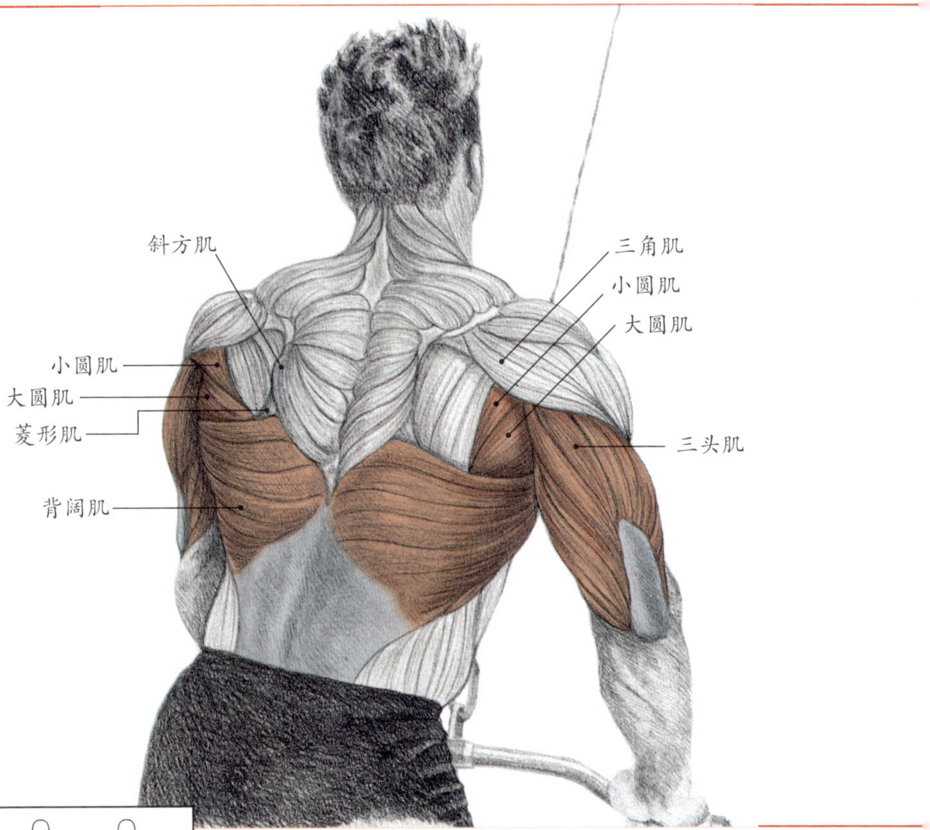

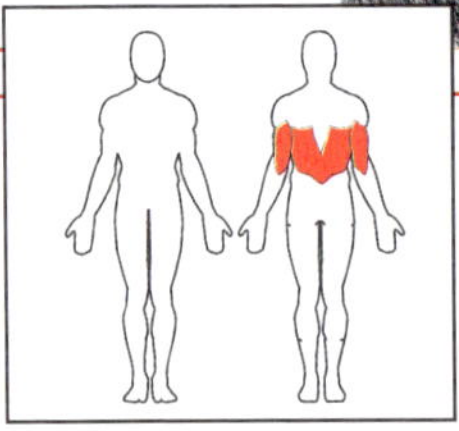

斜方肌
三角肌
小圆肌
大圆肌
小圆肌
大圆肌
菱形肌
三头肌
背阔肌

参与的肌肉

主要肌肉：背阔肌、圆形肌和三头肌
次要肌肉：三角肌的后部、菱形肌、小胸肌（下区域）、斜方肌和锯肌
对抗肌：三角肌的前部、喙肱肌、小胸肌（上部）等

变形方式

15.2 使用绳子

参与的肌肉：背阔肌、圆形肌和三头肌

实施方式：这一练习与基础练习的区别很小。它使用中度力量握住杆或轻轻地上握杆，而使用绳索可以做到末端收缩，因为杆不接触身体（更加强调三角肌的后部、背肌和圆形肌）。还可以说单手使用绳索做这一练习，而这样并不会出现其他新的优点，只是加大了练习的难度。

实施方式

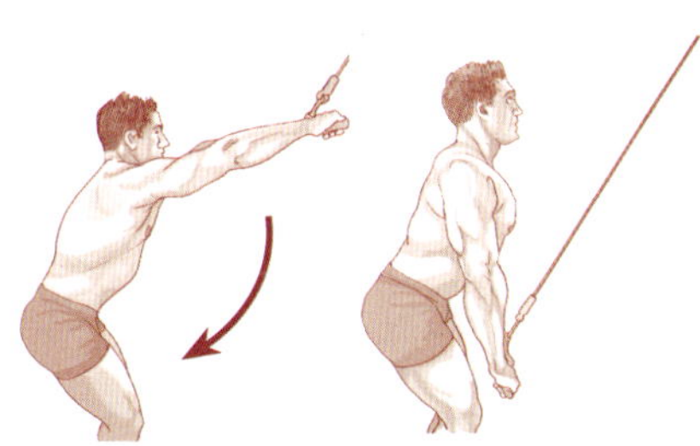

请你站立，面朝拉绳。躯干上部因为腹肌的等量拉紧而稍向前弯曲。手上握杆并以等同于肩宽的距离握住杆（手心朝向地面）。肘部几乎相当于伸展开，但关节是固定住的。你通过背肌向下拉杆，直至臀部或大腿高度，其中肘部保持伸展状态。最后请你扩胸，这样才能达到更好的收缩效果。同时背部稍弯。臂部向上移动时吸气，放下负重时呼气。负重很小时也可以按照相反方向调整呼吸。

注释

这是一项良好的背肌练习。在练习过程中，你不能负重过多，因为否则你可能向上拉伸绳索。但在这一练习中，肌肉是从与传统练习不同的其他角度参与练习。另外与其他针对背肌的练习相比，不能忽视二头肌在本练习中的参与；参与更多的还有三头肌，无论是在等量稳定肘关节还是在其长头内部。本练习中的肌肉活动情况与游泳相近。初学者可能会遇到的困难是如何以毫无瑕疵的技巧完成整个练习。因此它更适合经过训练的运动员。

常见错误：身体晃动，上身向前倾以借助腹肌，通过弯曲肘部来完成拉伸（Latziehen）或划桨的动作。

小知识

朝髋部还是大腿方向上拉呢？

两者之间几乎没有差别：臂部的移动几乎就是肘关节和髋部等量的或更大力度的拉伸或弯曲。由于背肌止于肱，它的移动在这两种情况下相似，因此负重上几乎没差别。只是可以推断的是，如果髋部和膝盖弯曲过大以及朝大腿方向移动，移动距离更短。

15.3 使用器械，坐位

参与的肌肉：背阔肌、圆形肌和三头肌

实施方式：移动路线相似，但在这一练习中使用特定的器械（也称作“背肌单关节”）。它适合初学者，因为负重和移动距离都是从器械开始的。它同样适合较难的练习，即如果使用拉绳练习时可能导致身体不稳的情况。这种器械在力量锻炼区不常见，因为它原则上只适合这一种练习。

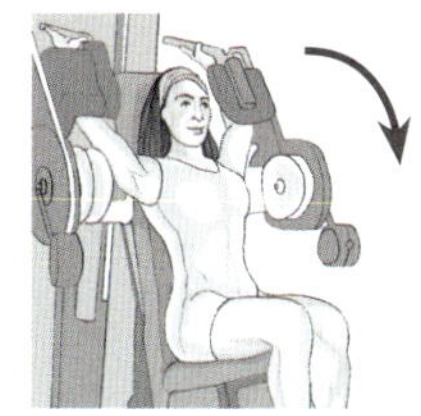

有支承的、利用器械做引体向上的

二头肌
三头肌
肱桡肌
肱肌
大圆肌
小圆肌
背阔肌
斜方肌

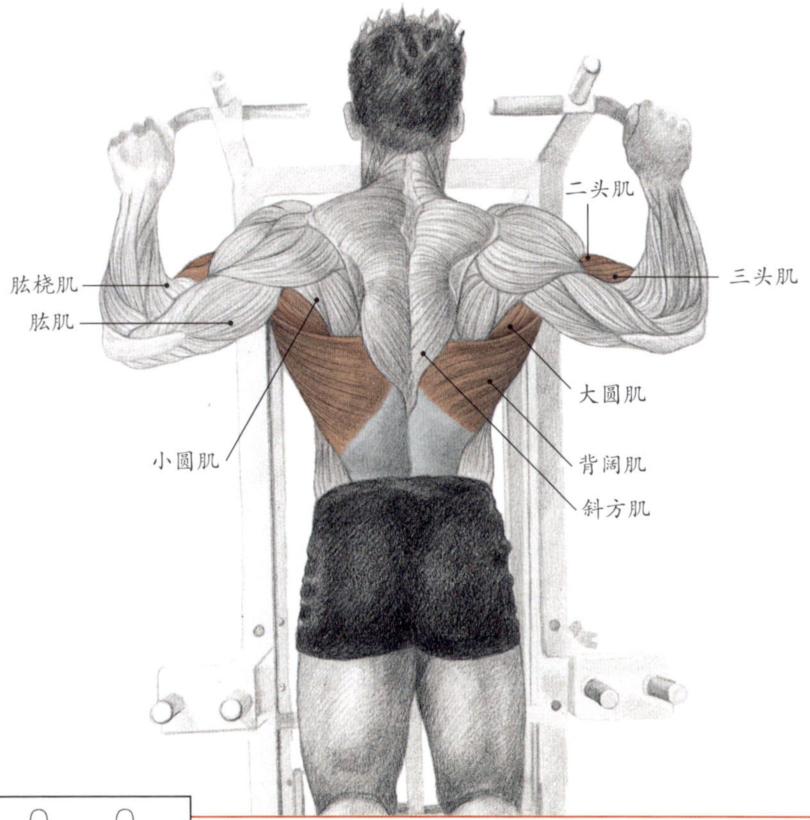

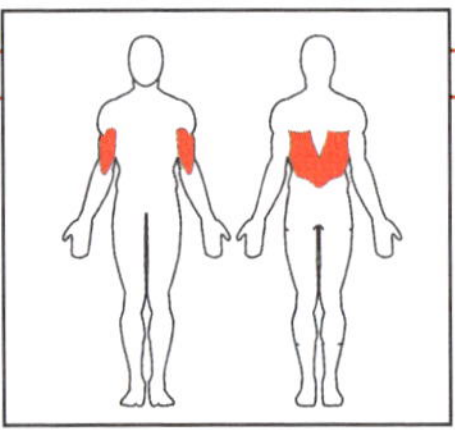

参与的肌肉

主要肌肉：背阔肌、二头肌（短头）、肱肌和大圆肌

次要肌肉：胸大肌（下部和外部区域）、三头肌的长头、小圆肌、菱形肌、肱桡肌、斜方肌（下部）、二头肌（长头）和三角肌（前部和后部）

对抗肌：三角肌、胸大肌（上部）和三头肌

变形方式

16.2 中等力量握住

参与的肌肉：背阔肌、二头肌、肱肌和大圆肌

实施方式：如果该器械有中等把手（上握或下握），那么你就可以使用这种器械，从而将这一练习变形。它还适用于“以中等力量握杆拉伸Latziehen”练习（参见练习11.6）。在一些下端具有支撑物（Unterst ü tzung）的引体向上器械中也可以使用上握或交替握杆的方式，但它并不那么普遍，因为杆原则上被分为两部分，它没有可以握住的中间部分。对于那些允许这样握杆的器械，还可以利用灵活负重来做相应的练习（参见练习1.3）。

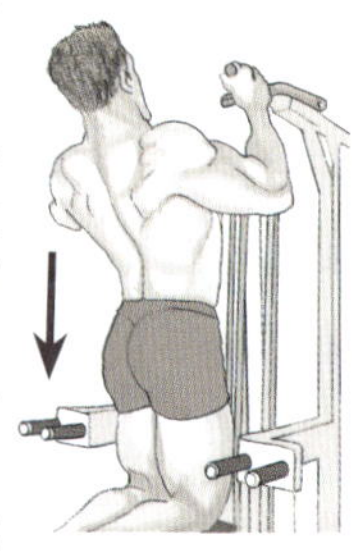

实施方式

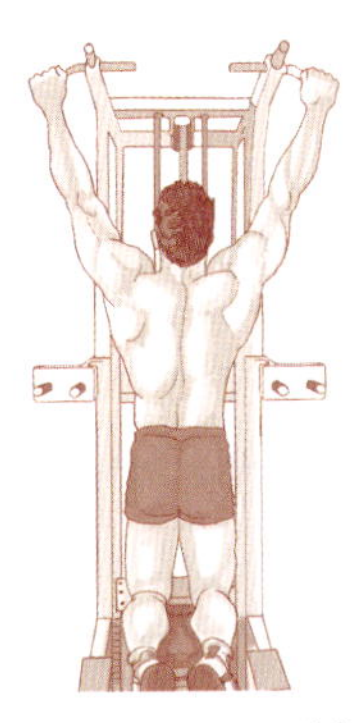

膝盖或脚立在支撑物（根据结构设计）上，身体的其他部分保持和使用灵活负重做引体向上练习练习（参见练习1）上，也就是说背部挺直，双手略比肩宽，上握杆（踝骨朝向头部）。身体向前拉伸，同时背部微屈。胸部拉伸开来，身体向后弯曲。肘部在朝向后部的垂直方向上移动到侧面。在这个器械上，向上移动几乎接近于垂直完成，这样头部经过两个把手之间的区域。在向下运动的前半阶段吸气，在向上运动结束时呼气。根据技巧的情况还可以按照相反的方式调整呼吸。

注释

这是一个非常好的锻炼背肌的练习，既适用于初学者也适合已取得一定进步的练习者。对前者而言，它有助于练习者习惯引体向上（参见练习1），而后者可以通过不断重复来提高技巧。另外它对背肌的外侧和上部区域要求最高，因此它实际上有助于使背部变宽。因为器械具有支撑物，所以练习者动作不会错，因为如果人们想（例如可以选择少量的辅助力量）以及避免摇晃和其他问题的话，这一练习实际上要求就相当高。

常见错误：躯干上部弯曲以借助于胸肌和腹肌力量，移动距离不完整，或向上运动时被动保持姿势以及背部（不均匀地）撞上支撑物。

小知识

从骨骼和肌肉方面看，力量训练是最全面的锻炼方式，它优于游泳、田径、武术或其他运行项目。因此它还是最好的康复运动，同时也是耐力训练的必要方式。

16.3 单手

背阔肌、二头肌、肱肌和大圆肌

实施方式：尽管很少做单手的引体向上练习，但它其实有助于一些特定的锻炼，例如攀岩。由于没有支撑物时单手引体向上的高难度，因此可以在这种器械上锻炼。唯一的区别是，正如它的名字所述，练习过程中只使用一只手并且在调准器械的重量时可以选择更大的支撑物。

单手拉伸练习（Latziehen）

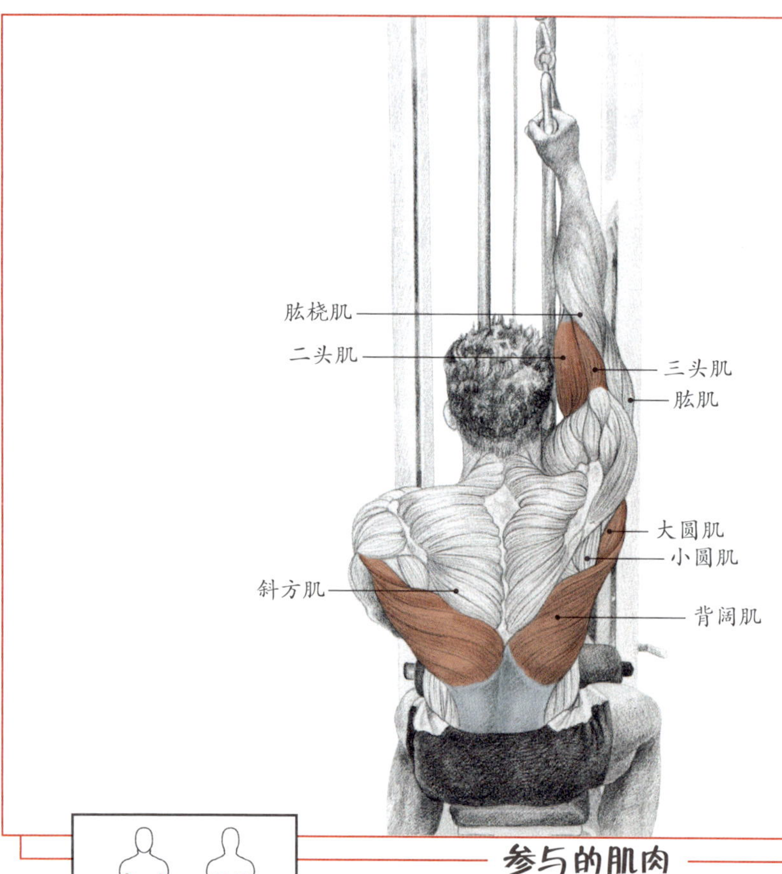

参与的肌肉

主要肌肉：背阔肌、二头肌（短头）、肱肌和大圆肌
次要肌肉：胸大肌（下部和外部）、三头肌的长头、小圆肌、菱形肌、肱桡肌、斜方肌（下部）、二头肌（长头）和三角肌（前部和后部）
对抗肌：三角肌、胸大肌（上部）和三头肌

变形方式

17.2 坐在地板上

参与的肌肉：背阔肌、二头肌、肱肌和大圆肌

实施方式：你可以坐或跪在地板上，这样你可以达到比基础练习更长的移动距离。但这个姿势可能导致上身轻微向前拉，而这一练习其实是“高位拉绳拉伸”（Latziehen am hohen Seilzug）和低位拉绳划桨（Rudern am tiefen Seilzug）的中间阶段。

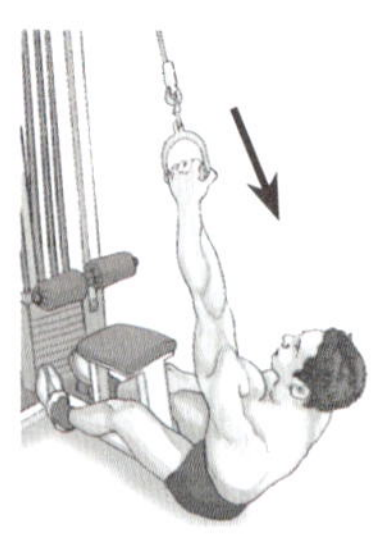

实施方式

你保持坐姿，单手拉绳，通过将肘部拉向身体侧面的方式拉动拉绳。而另一只手保持在腰部或随着一起移动，就像你拉着一根绳向上爬一样（拉住拉绳的一只手向下移动时，另一只手向上移动并接触到缆绳）。在向上移动前吸气，移动过程中全程屏住呼吸，向下移动的最后三分之一阶段呼气；也可以相反方式调整呼吸（根据所使用的负重、技巧等）。

注释

尽管这一练习可被视作朝向胸部拉伸Latziehen zur Brust（参见练习11）的变型方案，但练习者单手完成本练习，而且这种接近躯干上部的方式可以使你充分地收缩肌肉，因此必须分别来看这些练习。本练习特别适合特定运动项目（即利用绳索、台阶或其他抓手方式攀爬的运动项目）的特定训练。

常见错误：弯曲躯干上身以利用到胸肌、移动距离不完整以及在向下运动时身体发生强烈旋转。

小知识

由于背肌被视为“姿态肌肉”（Haltungsmuskel），因此一旦由于姿态的原因而导致脊椎弯曲的话，它的治疗都要依赖于肌肉锻炼。非常常见的一种现象，即浑圆的背部，它实际上都是背肌和腹肌缺乏延展性或过度紧张造成的，另外还有肌肉无力或肌肉张紧过度的原因。

17.3 坐姿侧拉

参与的肌肉：背阔肌、圆形肌、肱肌和二头肌

实施方式：你要坐在划桨练习椅的一侧上拉住拉绳，同时肘部向躯干上部侧面拉伸。背肌的收缩与“引体向上”（参见练习1）情况类似，但背肌的外部（侧面）纤维受到的负荷更大。本练习追求的是肌肉的扩展和典型的V形身材。这一练习非常适合作为有进步的练习者背部训练的结尾。但必须避免二头肌过分参与到这一过程。请你集中精力收缩背阔肌。

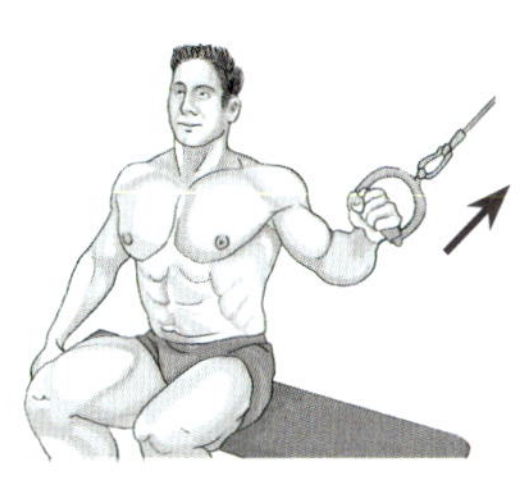

器械上坐姿，水平拉伸肩部

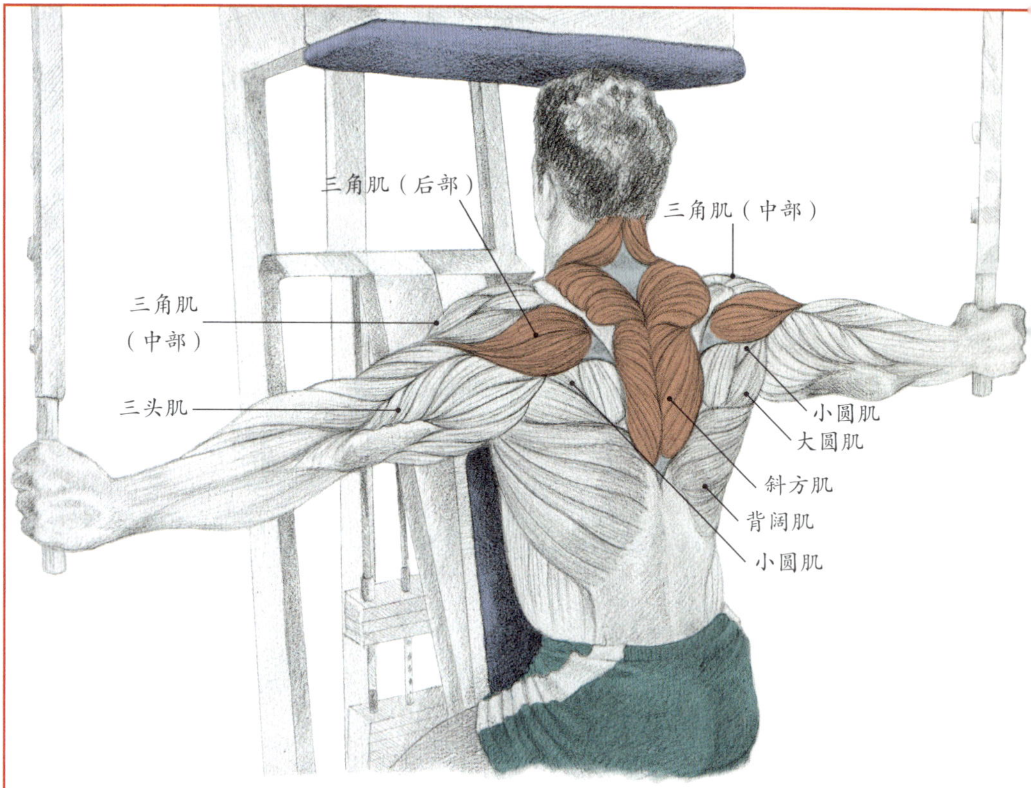

三角肌（后部）
三角肌（中部）
三角肌
（中部）
三头肌
小圆肌
大圆肌
斜方肌
背阔肌
小圆肌

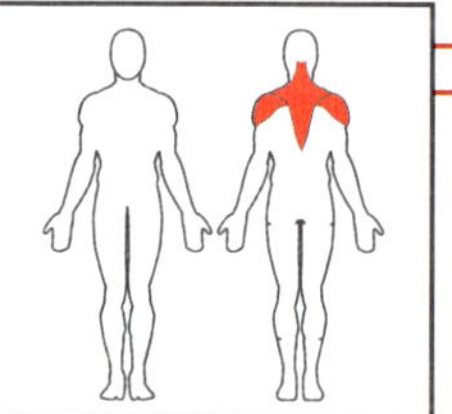

参与的肌肉

主要肌肉：三角肌（后部）和斜方肌
次要肌肉：三角肌（中部）、菱形肌、背肌、圆形肌和三头肌
对抗肌：三角肌前部、胸肌和二头肌

变型方式

18.2 在蝴蝶机上利用肘部练习

参与的肌肉：菱形肌、三角肌的后部和斜方肌

实施方式：上身靠在健身器的靠背上，伸展臂部并呈90度角。器械设计完善的话（当然并非一直如此），肘部可以抵着针对下臂的支架，三角肌的后部还可以完成（几乎是按比例的）收缩距离。如果有专门针对三角肌后部的特定器械，那么就可以不使用这一器械。但如果还想锻炼到菱形肌及相邻肌肉的话，即在短距离移动和收缩肩胛骨最后时承受负荷的肌肉，就不能错过这个器械。

实施方式

你坐在器械上，胸部靠在靠背上以固定住身体。把手在前方，肘部离开躯干上部，这样臂部才能与地面水平（伸展开）。肘部半弯时，但在角度不变的情况下，臂部和相反的拥抱姿势一样呈十字形打开。打开臂部时吸气，收起臂部时呼气，但并非吐出所有胸腔内的气体。

注释

对于锻炼肩部来说，这是一个非常棒的练习。在这个练习中，你可以使用一定的负重，但期间不能晃动身体。另外它保护背部，因为它能将你的躯干固定在特定位置。你在学习正确的姿态时也可以做这个练习，因为它有助于强化上身后部的肌肉，例如菱形肌。使用拉绳的练习方案与之类似，但困难是必须固定住肘部。如果扶手加大了呼吸的难度，那就要竖起双腿，由于双腿向前压，所以呼吸变得容易。

常见错误：移动距离不完整和运动过快或为举起负重而呈弹道形。

小知识

酒精、香烟和大多数毒品都会损害人的健康和外貌——还不考虑到它会弱化训练效果。

18.3 在蝴蝶机上以相反方式练习

参与的肌肉：菱形肌、斜方肌和三角肌的后部

实施方式：如果你想更加目标明确地锻炼并更强调斜方肌的中部，那么就要外旋臂部（拇指朝上）。另外移动距离可能更短，它只是原本移动距离的最后一部分。在此，肩胛骨必须向后收起。

拉绳在背后划十字的练习（Kabelzüge über Kreuz mit dem Rücken）

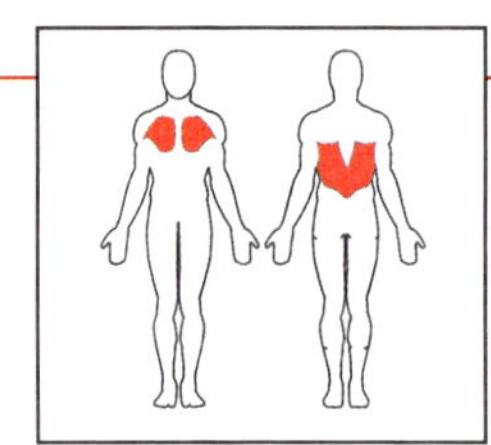

参与的肌肉

主要肌肉：背阔肌和胸大肌
次要肌肉：三头肌的长头、大圆肌、二头肌（短头）和三角肌
对抗肌：三角肌（侧面部分）和冈上肌

实施方式

请你站在两个拉绳之间。双腿微屈或一腿在前。上身微屈，腹肌和腰肌被拉紧。在动作开始位置处，肘部半弯，双臂交叉划动到背后（“垂直内收”）。在整个移动过程中，肘部弯曲状态保持不变。打开双臂时吸气，双臂内收结束时呼气。

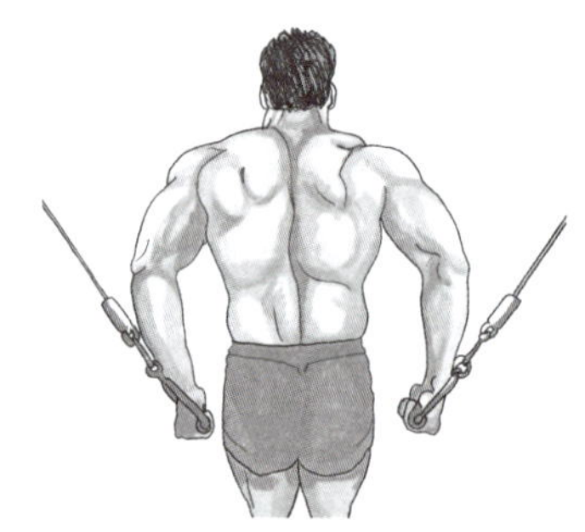

注释

这一练习并未广泛推广，只能使用很小的负重，但它可作为肌肉训练的替代方案。这一练习要求很好地控制住身体以及很好地感知承受负荷的肌肉。因此它不太适合初学者。

人们不应忘记背阔肌的基本功能是臂部的垂直内收。因此在这一练习中，背阔肌可以得到有针对性的锻炼。

常见错误：技巧错误以及躯干上部弯曲。

使用器械内收上臂

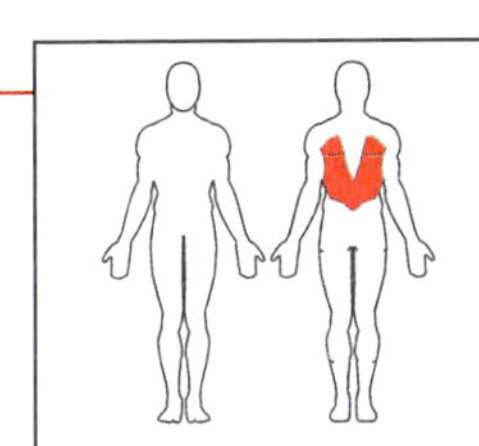

参与的肌肉

主要肌肉：背阔肌和大圆肌和菱形肌
次要肌肉：胸大肌（下部和外部区域）、三头肌的长头、小圆肌、菱形肌、斜方肌（下部）和三角肌（前部和后部）
对抗肌：三角肌（侧面部分）和冈上肌和胸大肌（上部分）

实施方式

请你坐在器械上，靠着扶手，臂部在身体两侧拉伸。打开双臂时吸气，收起双臂时呼气。

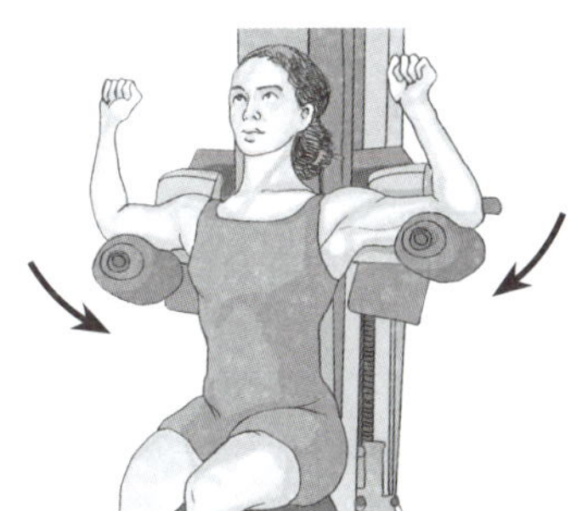

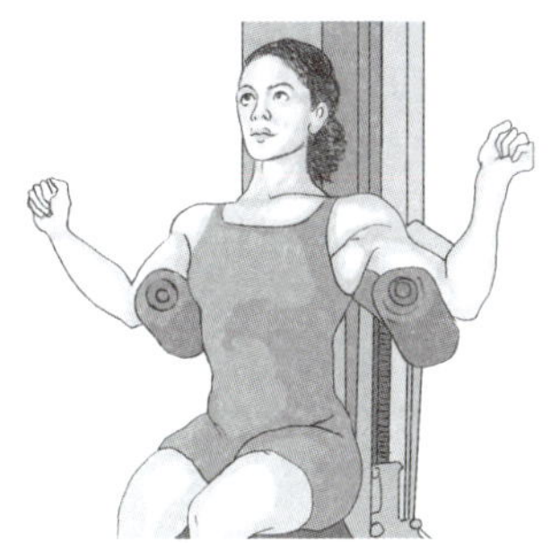

注释

这种并非广泛推广的器械是“拉伸器械”（Latzug-Gerät）（参见练习11）的变形，但并未涉及臂部（二头肌并未参与其中）。在设计完好的器械中，练习对背肌的要求不是很高。它之所以并未广泛推广的原因是经济原因，因为它不够多样化（但很有用），它常常被“拉伸器械”（Latzug-Gerät）取代。但好的健身房一般配备了这种器械，尤其是为了那些在使用其他依靠手的器械时有困难或完全不会使用这类器械的练习者。

常见错误：坐姿不正确，负重不合适，为了使胸肌更多地帮助完成动作，肘部动作向前。

利用Multipresse做划桨练习

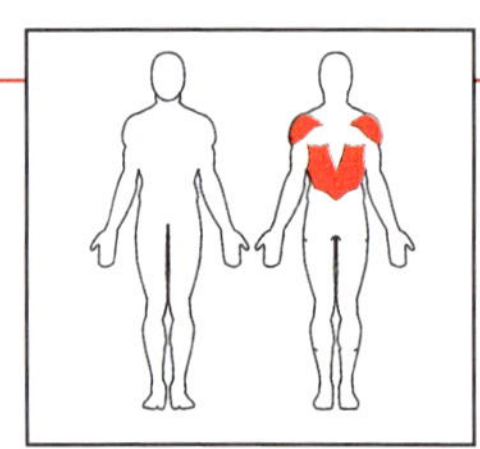

参与的肌肉

主要肌肉：背阔肌、圆形肌和三角肌的后部
次要肌肉：菱形肌、二头肌、肱肌、肱桡肌、斜方肌、冈下肌和腰肌
对抗肌：胸大肌、三头肌和三角肌的前部

实施方式

本练习和使用灵活负重的练习方案（参见练习2）相同。你保持站姿，上身挺直。臀部弯大约45度角，膝盖半屈，但固定不动。上握杆（手心朝内身体），双手间距略大于肩宽。我们用臂部的力量拉杆，拉到腹部区域，然后朝上，其中肘部在整个过程中都打开。放下负重前深呼吸，移动过程中屏住呼吸，向上移动快要结束时（快速）呼气。应该注意到不要减弱通过屏住空气而达到的张紧效果，因为它支持着练习者的躯干上部。

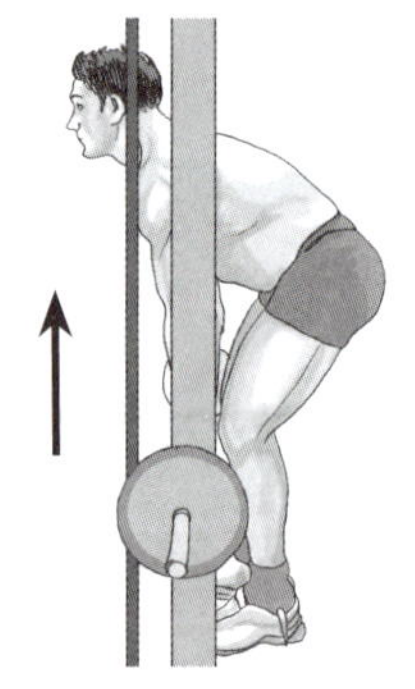

注释

这是一种基础练习，但对所有背肌要求都很高，尤其对背阔肌。它有助于练习者增宽背部（中部纤维）以及增大力量，因为它对躯干上部和腿部要求等同。

初学者应该从使用器械开始（参见练习13）。为避免受伤，特别为避免下背部受伤，这一练习要求技巧熟练无误。为保持准确的姿势，练习者的额头应顶在支架上，但并未依靠该支架。这种器械比其他器械更舒适和适合练习。

常见错误：身体摇晃、身体伸展、每组进行的不完整或移动距离不完整、背部弯曲或出现其他姿势错误，向胸部方向拉杆。

在器械上垂直做划桨练习

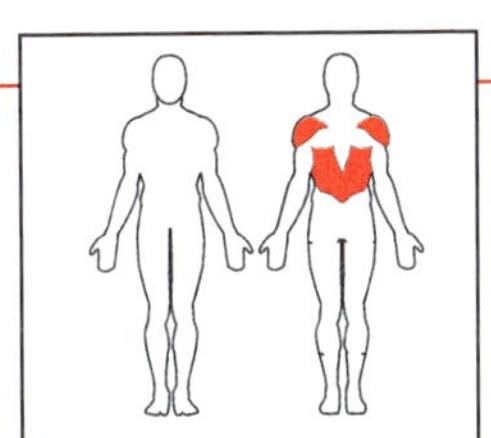

参与的肌肉

主要肌肉： 背阔肌、圆形肌和三角肌的后部
次要肌肉： 菱形肌、二头肌、肱肌、肱桡肌、斜方肌、冈下肌
对抗肌： 胸大肌、三头肌和三角肌的前部

实施方式

胸部靠在器械的靠垫上，上身保持水平。臂部放在身体两侧。你向上拉肘部，肘部随之离开身体。

向上移动的前半程吸气。放下负重时呼气，但不完全吐尽。

注释

这一练习与使用灵活负重的“杠铃划桨”练习（参见练习2）相同，但身体要支承在器械上，而这种器械目前并未广泛普及（类似于“器械上的T形杆划桨”）。它的优点是减轻腰部受到的压力和保护腰部。而缺点是呼吸时胸腔受到压力。双脚可以站立的并因此减小对胸腔压力的器械可以让练习者更好地呼吸，因为它将力量分配给腿部和支撑躯干上部的靠垫。

常见错误： 每组练习或移动距离不完整，在每组练习中间由于臂部伸长而放下负重，以及呼吸受阻或错误。

背部主要肌肉的解剖学导论

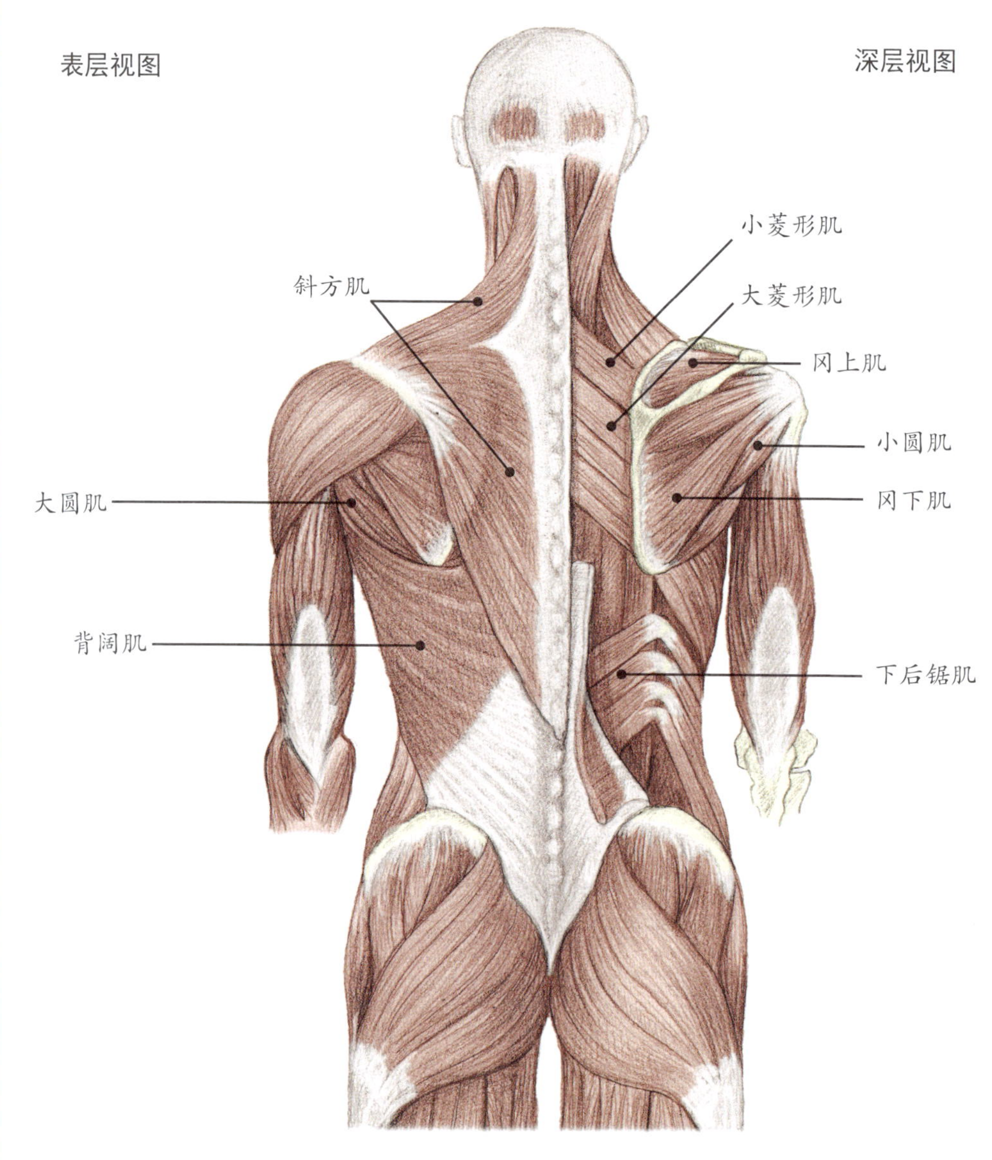

有关肱骨的知识

注释：因为我们在日常生活中经常坐着，所以强健和引人注目的背阔肌其实承担的负荷过小。但它对于很多运动项目都很重要。然而背阔肌本身或者这一区域的其他肌肉由于痉挛或缺少运动而常常受疼痛困扰。此外由于很多被疼痛困扰的人自己很难接触到这一区域，所以常常需要按摩。不过拉伸练习有助于预防这类疾病并减缓各种背部疾病的症状。

其它知识

注释：身体上部是整个身体的支柱，它直接或间接地支撑几乎身体所有其它的部分，使得身体其它的部分能够发挥它们的功能。各种不同的背部肌肉无法独立进行拉伸。当然，在对身体其它部位进行不同的练习时，也会对参与发力的部分背部肌肉产生作用。这也就是为何在拉伸时必须完成多种不同练习的重要原因。

悬在杆上

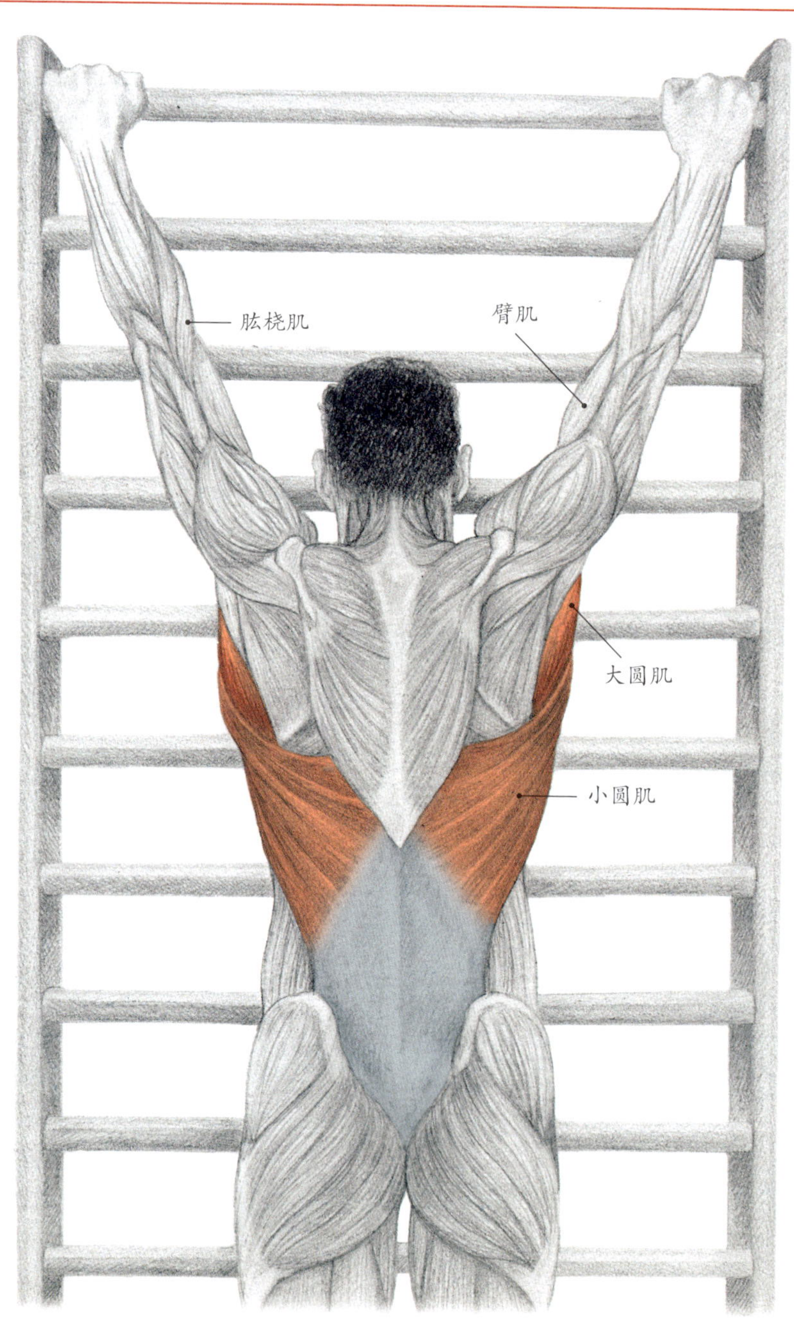

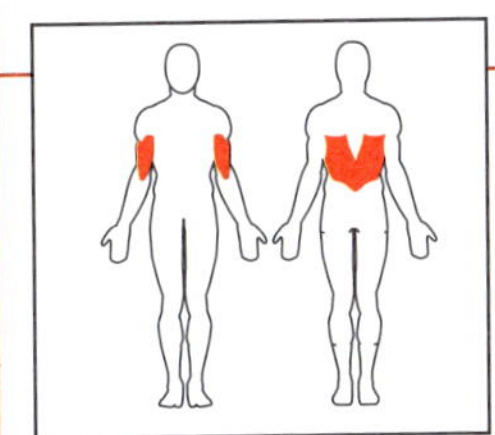

参与的肌肉

主要肌肉：背阔肌、大圆肌
次要肌肉：二头肌、臂肌、肱桡肌、胸大肌

实施方式

双手上握杆（手心超前）悬挂，但两脚不能接触地面，在没有压力的情况下保持这一姿势。

注释

这是一项简单的练习。两手之间距离更大时，背部侧面区域也相应地承受负荷。如果下握（手心朝向自己）杆，那么二头肌可以得到更强的伸展。

悬杆是可以消除脊椎两侧各区域压力的练习。请注意到，大多数时间里，你的背部都要承受非常大的压力。在这一练习中，整个背部肌肉稍稍借助重力就能在纵向上得到延展。在这一过程中，那些长期被脊椎问题缠绕的人，例如患有脊柱严重后凸、脊柱严重前凸和脊柱侧凸的人最能从本练习中受益。另外如果患有脊柱前凸，那么弯曲髋部和膝盖（“蜷曲”）有助于减轻你腰部区域的负荷。

一些运动员使用腰带（例如在举重时）来帮助自己增加力量。但此时你要小心力量过大可能伤到你的脊椎。还应考虑到，脊椎的作用是在垂直方向上承受力量，而不是忍受拉伸力。

从纵向拉伸的姿势开始，躯干上部可能发生轻微旋转，但一定不要到达灵活性的极限，否则就可能损害到脊椎小的旋肌。

变形方案

1.2 在器械上练习

如果你使用针对背部（或背部……）的拉伸器械（Latzug...），也可以做这一练习。对于初学者或抓力差或弱的练习者来说，这个器械是很好的替代方案。但要使用比日常使用的训练重量更小的负重。

抓杆侧旋

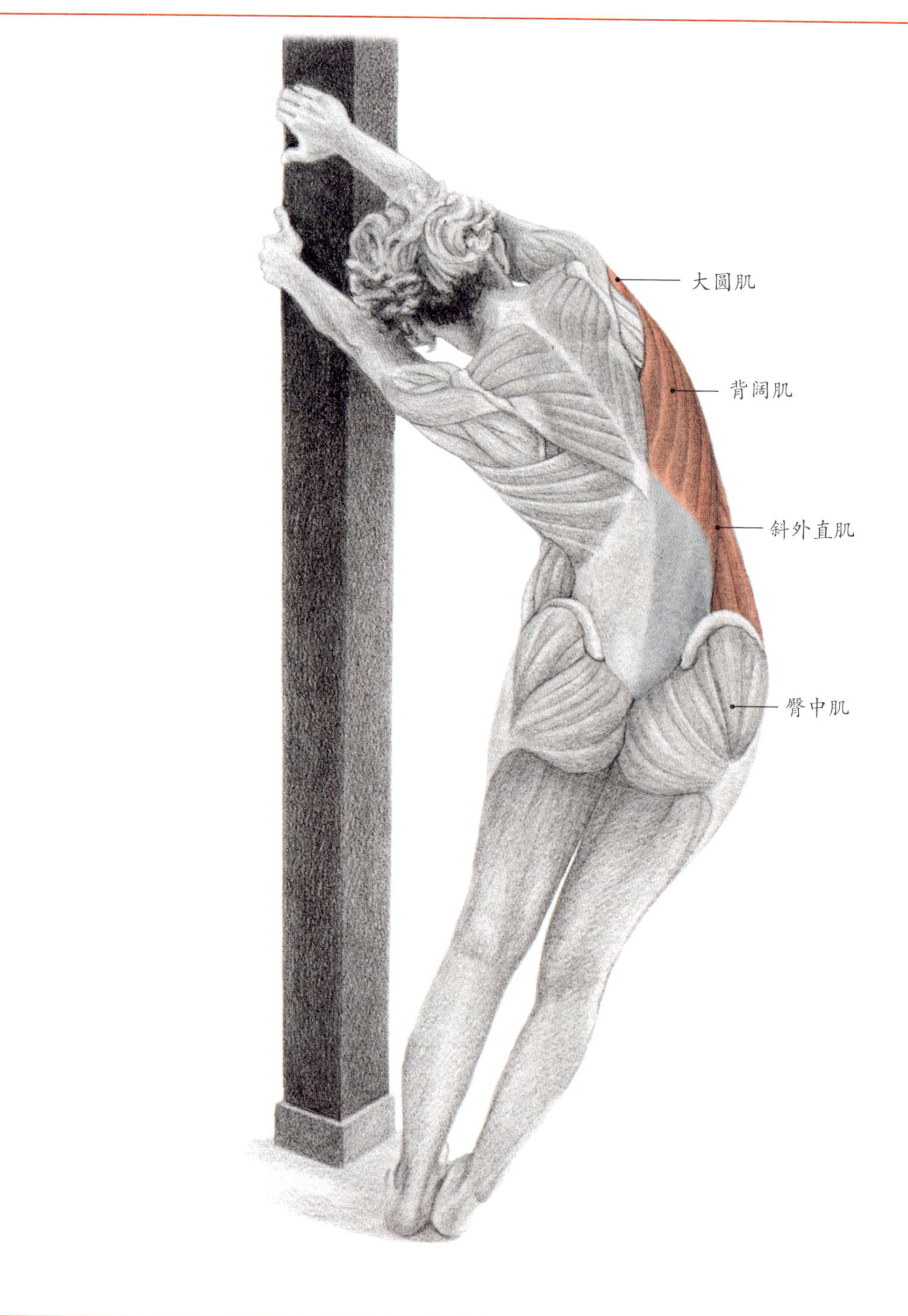

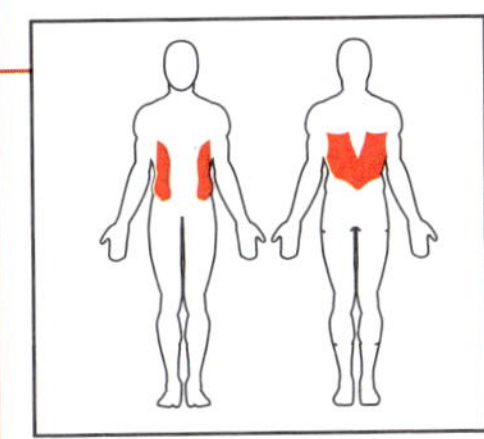

参与的肌肉

主要肌肉：背阔肌、大圆肌、斜外直肌、四方腰肌
次要肌肉：臀中肌、Spanner der Oberschenkelbinde

实施方式

站在一根垂直杆的侧面，同时双脚接近杆。抓住头上方的杆并慢慢向相反方向拉动身体。双手握在杆的同一侧，手心朝向内。

注释

由于拉伸作用在远离杆一侧的身体上，所以换另一只手抓住杆，因为这种有助于调节身体参与训练的深度。

它与练习1要求的区域相近，但此时伸展的是背阔肌，躯干上部的其他区域也参与其中。准确完成练习的话，你就能明显感觉到躯干上部的整个侧面均得到拉伸。如果臀肌作为腹部区域和背部区域的补充而更多地参与到练习中（臀中肌等），那么远离杆的腿在在一条腿后交叉。

常见错误是为了面向杆站立而转动躯干上部。但其实身体应该保持在杆旁边。

小知识

肌肉发生旋转前，你应该集中精力在这块肌肉上，想象它并唤醒它的记忆，也就是它从哪里出发，在哪里终结。随后开始进行拉伸。如果你此前并没有关注到会发生旋转的肌肉，那么保持在一个拉伸位置用处不大。

头上展臂

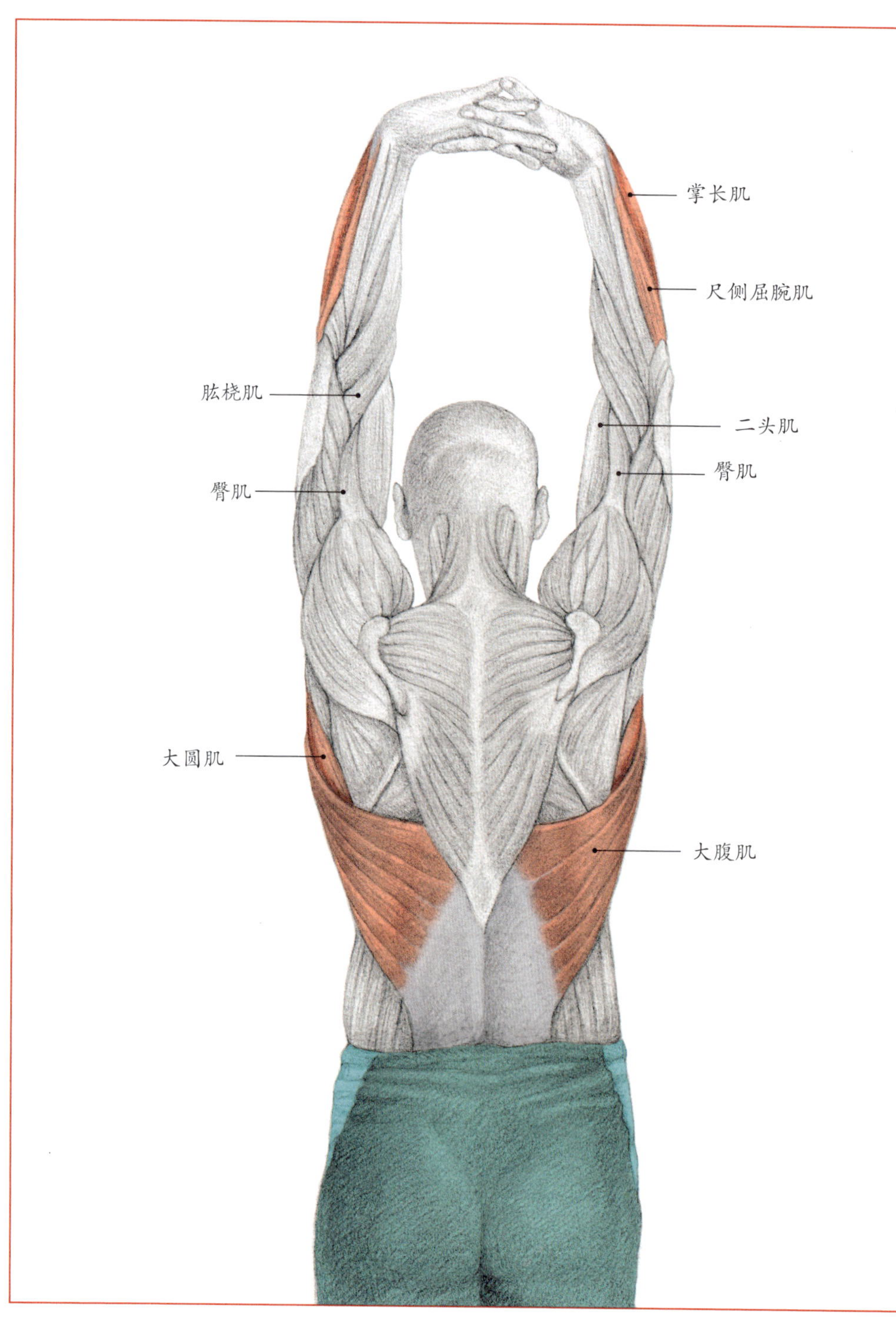

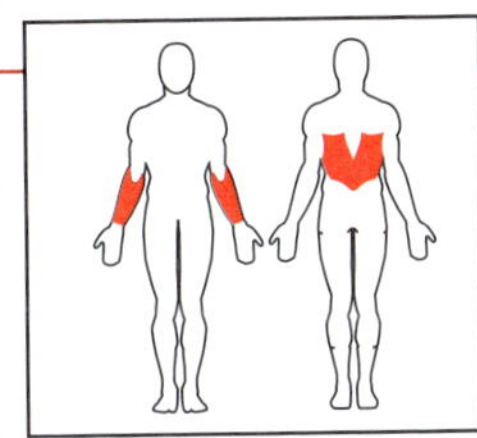

参与的肌肉

主要肌肉： 背阔肌、大圆肌、指屈筋（深指屈筋、浅指屈筋、长指屈筋）、尺骨一侧的屈腕肌、掌长肌和掌短肌
次要肌肉： 二头肌、肱肌、肱桡肌、胸肌

实施方式

最好站在镜子前并伸展双臂。双手的手指勾在一起，手心朝上，纵向拉伸自己。

注释

这个练习与前两个练习类似，它虽然锻炼的是背部已伸展的区域，但强度相对略小。另外现在还能锻炼到屈腕肌。

与上述两个练习不同的是，一般上了年纪的人或身体有伤的练习者（根据类型和强度）选择这个练习。这两类人群在练习时，如果感觉困难，那么手指可以不相互勾在一起。

在这个练习中，有些人更喜欢够到趾尖，从而拉伸更多的身体部分。尽管这样做原则上没有副作用，但它可能会影响到身体的稳定性。你应该伸展可以伸展的部分，而不要把现有的练习变得更复杂。

小知识

在灵活性训练中，镜子用作定向的指导，它能帮助你检查自己的姿势是否正确。但你不能对自己过于严格，如果身边没有经验丰富的教练的话，你可以利用镜子纠正自己的姿势。

四肢着地姿势“祷告姿势”中的伸

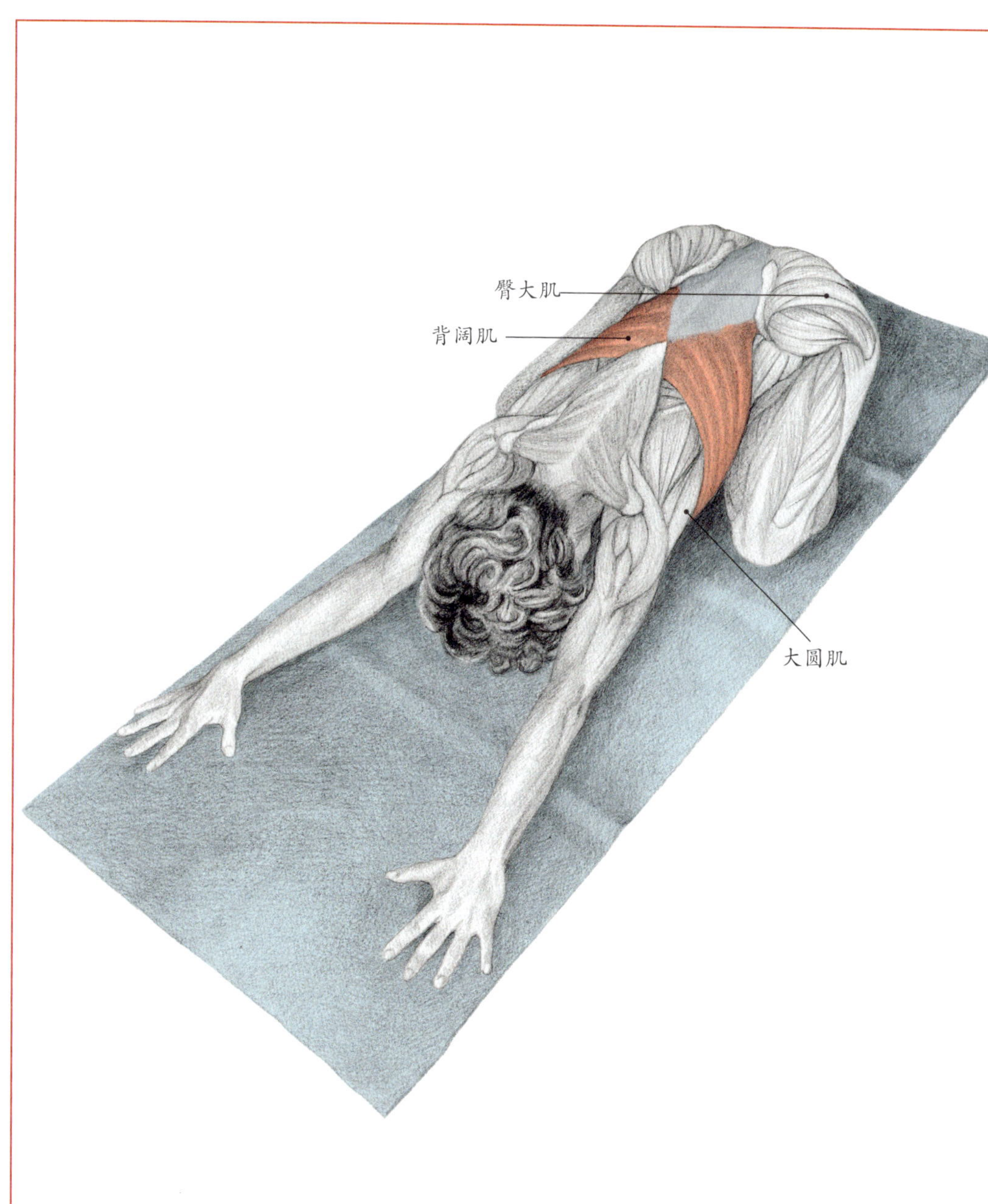

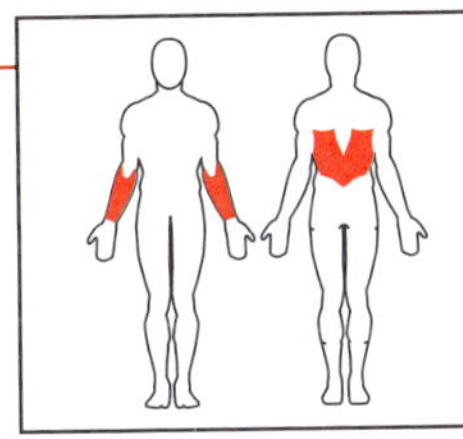

参与的肌肉

主要肌肉： 背阔肌、胸大肌
次要肌肉： 大圆肌、臀大肌

实施方式

跪在地面上（最好跪在一块舒适的垫子上），弯曲上身并将双手放在头前方并支撑在地面上。把臀部逐渐向后移动，同时保持肘部伸展，双手在地面上保持不动，同时将胸腔向地面方向压。

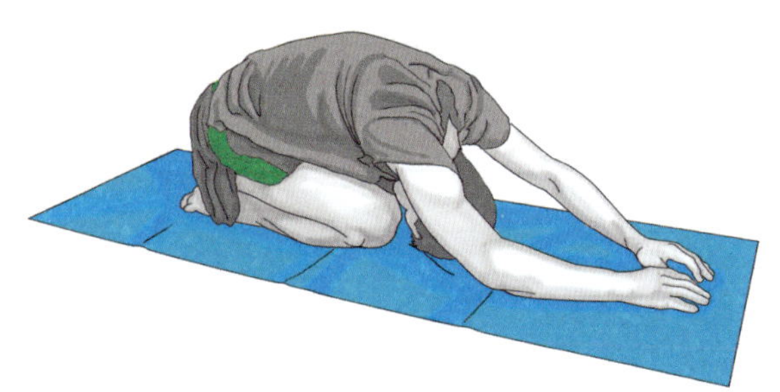

注释

我们为本练习所选择的名字形象地描述出练习者在本练习中的姿势。但不能忽视躯干上部拉伸过程中在背部区域必然产生的紧张效果。如果无法充分利用到胸肌，那么双脚之间的距离不能太远。在最终位置处，胸部依靠大腿支撑，肩部轻轻地向地面压低，但不能导致身体跌倒。

如果我们把双手放在支架上，也可以以相似方式完成练习。

小知识

灵活性与其他身体和精神训练项目紧密相关：精神放松和肢体表达能力。在一个温暖的环境、轻缓的氛围里训练身体的灵活性不仅更加舒适，而且效率更高。

双臂扶杠、身体前屈

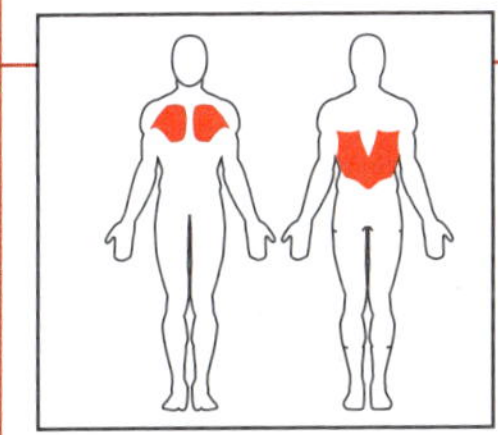

参与的肌肉

主要肌肉：背阔肌、胸大肌
次要肌肉：大圆肌、（腘绳肌腱群）

实施方式

站在一个略比腰部高的支架前，弯曲你的上身，将双手放在支架上，最好双臂外旋（双手握拳，小手指支在杠上）。双臂保持不动，上身继续放低，直到能够感到承受负荷的区域里有张紧的效果。

注释

如果在此运动时，你的臂部外旋，那么背肌可以得到更强的伸展。因此在练习过程中不论是握杠还是将身体支撑在桌子或其他平面支架上，都会更加舒适容易。这样你的身体可能稍稍更低些并略向后倾斜，也会更加远离扶手，背部可以得到更强的拉伸。如果没有支架，那么你也可以在地板上做相似的练习（参见练习4）。

无法避免胸肌和其他相邻肌肉也会在此过程中得到拉伸。当然你也可以稍微改变一下练习的方式，使背部承受的负荷更大，也就是可以仅仅固定住一只手臂，同时向后向下拉伸并旋动骨盆，而脊柱稍稍远离举起的手臂，这样你的上身就可以向侧面弯曲。如果承受负荷一侧的脚向后，那么这个练习就能更简单一些。

小知识

在双手握住固定支架的练习中，人们往往倾向于绷紧本不该绷紧的肌肉，也就是你的下臂和抓住支架的手的小块肌肉。不能绷紧你希望锻炼到的区域，否则它无法延展。所有这些要求练习和经验，它们让成绩更上一层楼的必要条件。

两人一组拉伸手臂

注释

如果两个人身高、体重相近，练习结果最佳。如果两人之间差别很大，那么个子偏矮的一方应站在小凳上。如果两人体重相差很多，那么这个练习最好通过其他方式替代，例如换作支撑在一个被固定的杆上（参见练习5）。

不能向后拉伸过度，否则搭档会感到相当吃力，要考虑两人之间的协调和平衡，而不要将练习变为竞赛，否则很难达到为拉伸而无法放松的效果。另外应向后压的力量更大。

搭档相对站立，两个人支撑在对方的肩膀上。臀部呈90度角弯曲，同时向后向下拉伸。

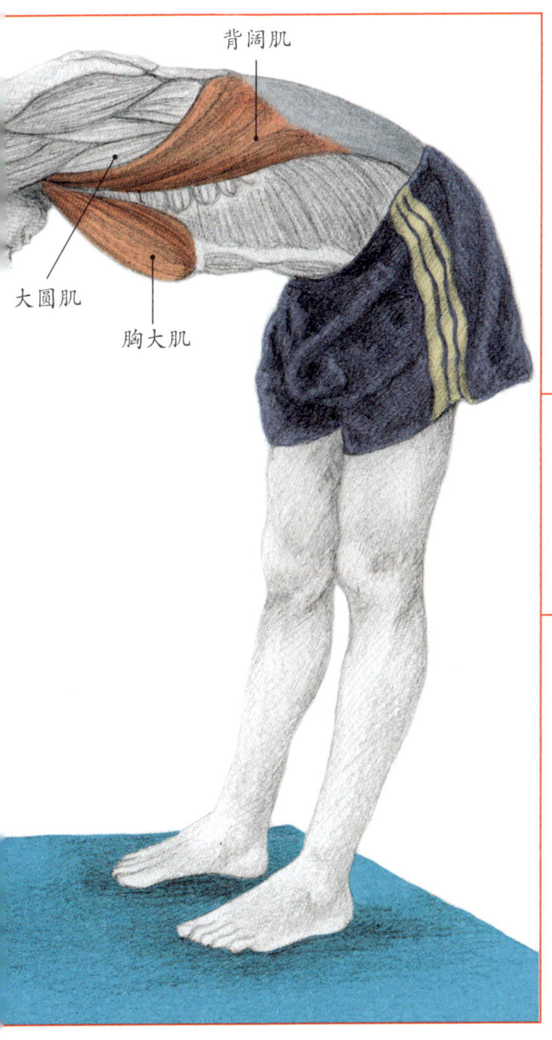

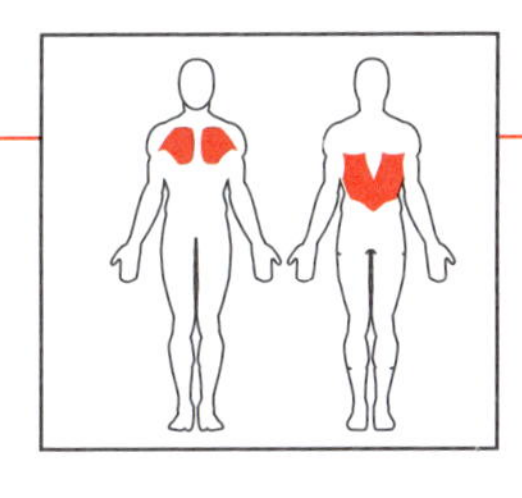

参与的肌肉

主要肌肉： 背阔肌、胸大肌

次要肌肉： 大圆肌

实施方式

小知识

你的搭配是否与你相同性别并不重要。唯一的要求是要尊重你的搭档。

弯曲上身和颈部

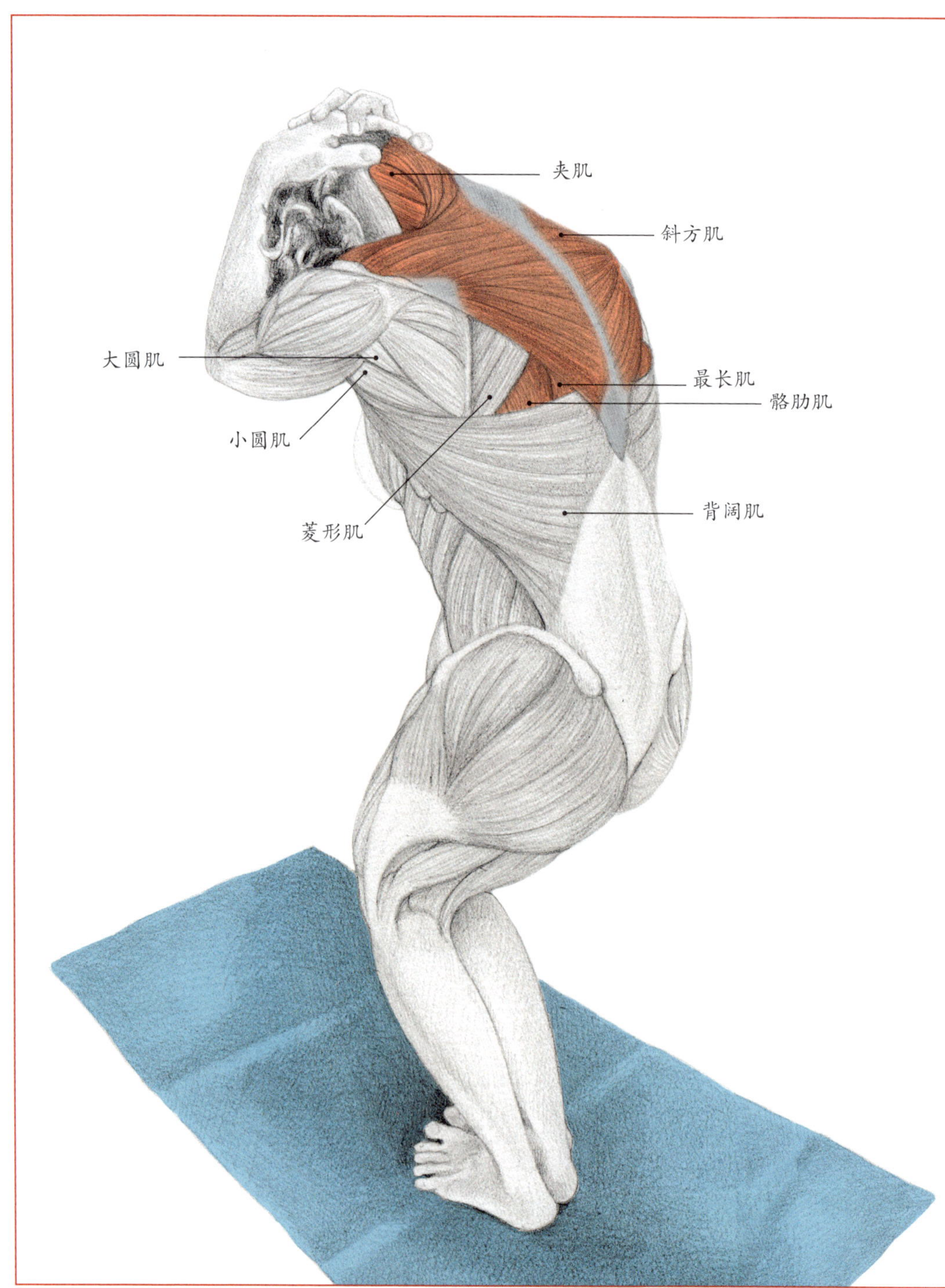

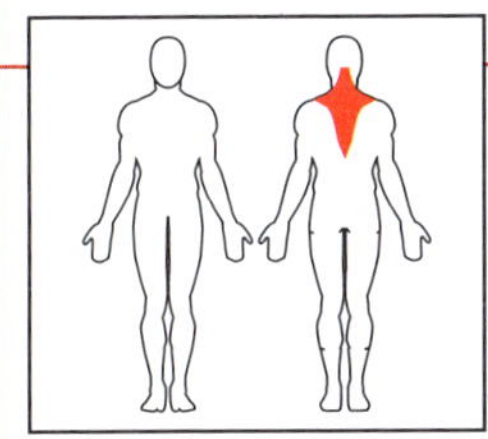

参与的肌肉

主要肌肉：最长肌、骼肋肌、横肌和棘突、被分为多个区域的肌肉、菱形肌、脊椎半节肌（Halbdornmuskel）、夹肌
次要肌肉：后侧直的颈肌（大的和小的）、大的和小的斜颈肌、彼此交织的肌肉、（四角腰肌）……

实施方式

保持站姿，双手放在后脑上，然后轻轻向下低头，同时通过弯曲上身、臀部和膝盖的方式躬下整个身体。

注释

这个练习中应该感受到脊椎下部区域的整个肌肉群都得到拉伸，就好像自己变成一张弓，弓的两端是头和臀部。如果不好保持平衡，那么请将臀部抵在墙壁上。

练习者经常犯的错误是拉伸过度或动作完成速度过快。如果在这个练习过程中感觉到头痛或头昏眼花，那么最好不要拉伸头部；在这种情况下，灵活性练习非常适用，但需要保持延展的姿势，同时不要通过手施加额外的力。

小知识

我们常常将身体的各个部分视作独立单元。尽管这种思维方式在教学、解释或理解人体时有益，但运动员必须认识到不同身体组成部分之间的肌肉链条和相互关系。

向前伸臂

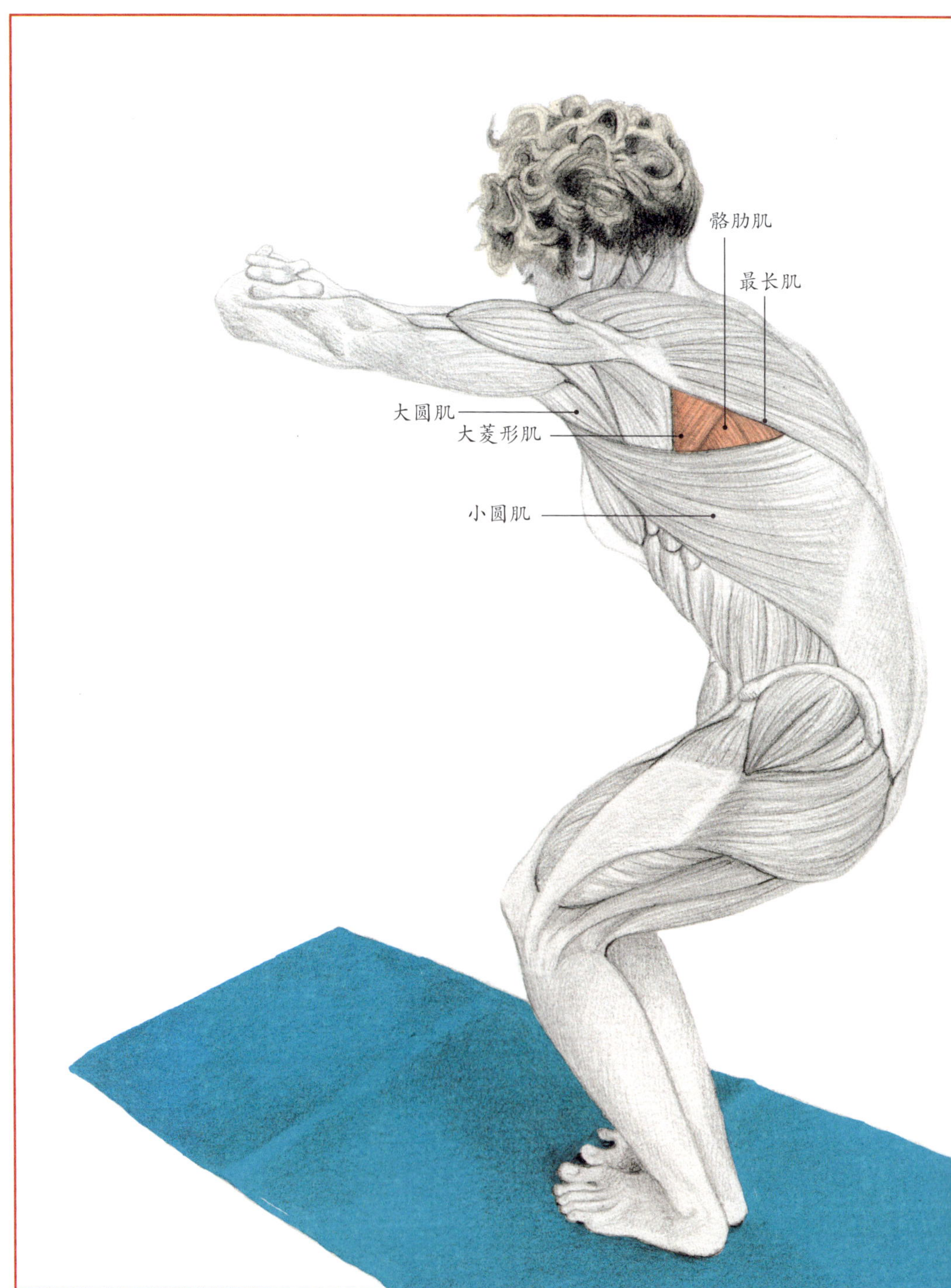

参与的肌肉

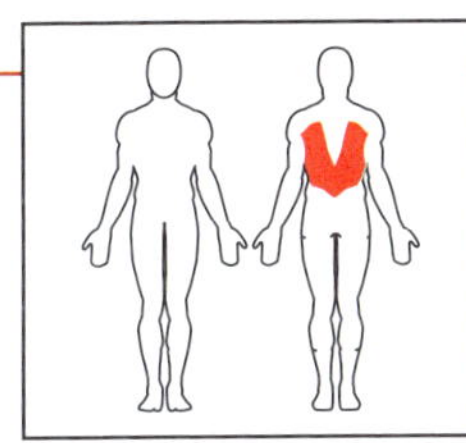

主要肌肉：最长肌、髂肋肌、横肌和棘突、被分为多个区域的肌肉、大和小菱形肌
次要肌肉：背阔肌、大圆肌、（四角腰肌）

实施方式

保持站立姿，手臂向前伸展。同时手指内勾，手掌朝外。背部弯曲，同时将手掌向前“推”。

注释

这个练习的姿势与上一个练习相同（参见练习7）。通过这一方式可以拉伸到脊椎原本的肌肉。但此时要强调菱形肌，它的主要功能是使肩胛骨接近脊柱。不过拉伸运动方向恰恰相反。应该注意的是要将向外、向前拉伸肩胛骨（向前伸展的手臂是这个练习的辅助动作，肘部可微屈）。

整个练习过程中，膝盖和臀部都要微微弯曲，这样才能更好地保持姿势。

不过在完成这一练习时，姿势常常出错：有些运动员为表现突出而向前充分甚至过分拉伸手臂。只有当他们感受到手臂的延展时，他们才认为这一动作完成无误。但真相恰好与之相反，这个感觉必须是从背部的上部区域发出的。

小知识

使肩胛骨活动以及使这一区域内的小块肌肉（例如菱形肌）伸展有助于预防背部痉挛。

附录

所使用概念的目录

了解下述概念是理解本书中注释的必要条件。其中一些定义来自于《西班牙皇家学院辞典》（Real Academica, RAE），其他则是由作者根据实际情况选择的。

外展：一种运动，身体器官通过该运动远离一条想象出来的、将身体分为对称两部分的身体中线；一般来说，它用于手臂远离躯干上部或一条腿伸展离开另一条腿的情况。

内收：身体器官移向身体中线；一种运动，它作为一条想象的线将身体分为对称的两部分；一般来说，它用于手臂引向躯干上部或一条腿向另一条腿靠近的情况。

参与肌：参与肢体活动的肌肉。

运动不能症：肢体僵硬、不动。

解剖学姿态：一种身体状态，即头部挺直，双腿分开，双臂放在身体两侧，双手放松（手心可见）。

Anisometrisch：动态的，伴随运动。经常和“isotonisch”搞混。

对抗肌：与直接完成动作的肌肉相对抗的肌群。

呼吸中断症：无法呼吸或呼吸被止。

萎缩/组织萎缩：构成器官的一个组织或多个组织萎缩。这样肌肉容积、重量和功能活动性减小。原因是营养不良或饮食滞后。这是特定肌肉活动性差或不足的直接结果。

呼气：将吸入的空气呼出。

俯卧姿势：身体胸部朝上、腹部向下的姿势。

弯曲：身体或身体组成部分弯曲（描述的是行动或状态）。从解剖学姿态出发，它指的是身体前部各部分相互靠近，但腿部在后方相互靠近。

移动线：一条线，它描述的是一个点向任意方向移动（参见移动方向）。

移动方向：一个点移动的方向，一条移动线有两个相反的移动方向（参见移动线）。

生物力学：在人身体上使用力学的科学（参见力学）。

蜷曲（Curl）：字面上理解为“Locke”，即通过身体各部分利用屈戌关节的弯曲而达到的接近效果，原则上指臂部和腿部的弯曲。

可延展性：身体的活动性和能力，关节和关节系统的活动空间。

Distal（区域）：从躯干、肌肉的起点离开。

深呼吸：更换肺里的空气。

动态（收缩）：参见Anisometrisch.

吸气：将空气吸入肺。

灵活性：肌肉（或其他固定部分）的特征，肌肉由于承受力量作用而延展或发生形变，然后又回到原始形状和位置。

肘：下臂中间的骨。

离心/消极过程：与向心/积极过程相反，阻力大于肌肉内的张力，大于顺应的工作。

关节：原则上将一块骨头与其他骨头可动地连接起来的部分。

关节灵活性：活动范围，如果骨头或肌肉撞击，则该灵活性受限。

重力：身体由于地球吸引而受到的力。在本书中使用这一概念是为了说明“质量”，因为它更常用并且不会误导读者。

Hantel（原则上包括杠铃和哑铃）：短哑铃或一般带有重量盘（配重盘）的杆。

异动态的：通过在移动距离过程中变化的力而导致的移动，它在实践中指人的移动。

异动力的：以变化的速度移动，在实践中指人的每次移动。

后部（区域）：背面，指背部。

水平的（平的）：参见横的。

伸展过度：延展过度（超出解剖学姿态）。

肥大症：器官变大，例如由于肌肉截面增大。

强度：与最大相比的负荷程度，涉及到肌肉的准确负荷。也是每个从数量上提高练习水平的任意变量。

Isodynamisch等磁力线的：在整个移动距离内由相同的力引发的移动。表现在个人身上，它可能高度相近。

Isokinetisch等动力的：相同速度的移动，一般与最大力有关，但在个人身上不会出现这种情况。

Isometrisch等量的：在固定的、不动的关节部位的肌肉收缩，但张力增大。

Isotonisch：肌肉紧张状况不变情况下的移动，实际上无法实现。经常与anisometrisch/dynamisch（动态的）混淆。

适合作用：适应性。

向心/积极过程：肌肉消除阻力并变短，消除性工作，通过肌肉变短而发生的收缩移动。与离心/消极过程相反。

身体重心：想象的点，它是描述对象体重的中点，其他所有部分围绕该点平衡。

力：强度、刚性和使重量或阻力移动的能力。力=质量除以速度。

耐力：肌肉长时间承受负荷的情况下的抗疲劳能力。

哑铃：在外侧端部上带有重量盘的（或其他方式的配重）金属杆，一般单手就能拿起来，也叫Hantel。

脊柱后凸：脊柱向后呈凸形弯曲，当然在背部区域。

纵向（面）：与地面垂直，将身体分为前部和后部。

横向（侧面区域）：离开身体中线/中轴。

放松：休息或减小张力。

脊柱前凸：脊柱向前呈凸形弯曲，当然发生在腰部和颈部区域。

质量：物理单位，表述一个物体内所含有材质的数量。它的国际单位是千克（kg）。经常与重量混为一谈，但在日常生活允许混用。

最大力：重复所需的最大任意力。

力学：一门研究平衡和身体运动以及力的作用等的科学（参见生物力学）。

中间（区域）：接近身体中间/中轴.

Multipresse：一种多功能的器械，负重的杆在两侧的轨道上移动，原则上使用圆盘（Scheibe）或配重片作为负重。

肌肉纤维：肌肉的细胞的、螺旋形的基本单位。肌肉的可以相互牵拉的组成部分。

肌肉失灵：一组练习到最外侧肌肉力量耗尽，以至于无法正确和完整地完成余下的重复。

中度位置：外旋和内旋之间。站位时，它是自然姿态，也就是手心朝向大腿。

消极（移动）：一种由个人发出的、在没有肌肉收缩的情况下完成的移动。

Presse：推或拉。

旋前：下臂由于手从外向内旋而发生旋转，然后手的压力朝内，例如从桌上抓下来一个物体时。

接近身体中心（区域）：朝向躯干，在肌肉的起点。

横（层）：与纵轴垂直，将身体分为上部区域和下部区域。

反射：对刺激做出的毫无目的的反映。

撕裂：表示的是肌肉的一种状况，肌肉破损、出现不规则的边缘，一般是由于延展过度造成的。

旋转：旋转。

身体后仰：一种姿势，人的背部着地。

矢状面：与纵向层和横向层垂直，将身体分为两个几乎对称的部分（右和左）。

组：在特定练习中，一次或几次先后连续“重复”某种移动并直到疲劳的总和。

侧位：人在地面或其他平面上时身体侧卧的姿态。

垂直（面）：参见纵向。

伸展：上述已弯曲的关节的延展。

拉伸：英语词，概括了所有的伸展练习。

超级组(Supersatz)：由两个练习或不同负重（重复多次）的一种练习组成的组。

旋后：人的下臂由于手从内向外旋转而导致的移动，这样可以看到手心，例如将食物从桌上拿到嘴里。

协同者（协同肌肉）：支持一个或几个其他肌肉移动的肌肉，从而使它们共同完成某个行动。

SZ–杆：解剖学意义上晃动（弯曲的）杆，手可以更舒服地握住该杆。

练习：任意的一种有意识的、对肌肉施加负荷的移动。在此情况下，一个练习由一组或多组构成。

腹部的/腹部一侧的：前方，在身体前侧。

延长：延展。

脱臼：一块骨头或一个关节从原有位置中脱离的情况。

四肢着地的姿势：一种姿势，双手和双脚和/或膝盖支承在地面上。

前（区域）：前方，腹部一侧。

重复：由收缩和延展构成的完整的移动过程，由向心和离心（积极和消极）阶段组成。

循环：关节的组合运动，例如关节在肩胛骨和上臂（肩部）或关节在臀部和大腿（臀部）之间的圆圈运动。

练习目录

（使用英语名称）——名称可能因为地域原因而有所不同。

下面的颜色标记表示的是练习的难度，但不是它的持续时间（即使难度和持续时间常常密切相关），也不是实现我们目标的效率。同样这并不是说，已取得进步的练习者和专业运动员不应该做更简单的练习。

难度： ●小，●中等，●大

肌肉训练

灵活负重

1. 引体向上 32/33
- Front chins/chin up
- 1.2...在颈后
- 1.3...下握/针对二头肌
- 1.4...双手以中等力量握杆/双手交替
- 1.5 ...将杆拉至髋部
- 1.6 ...利用低杆练习，支起双脚

2. 杠铃划船练习 34/35
- Barbell bent-over row
- 2.2 ...使用小哑铃
- 2.3 ... 下抓
- 2.4 ... 使用小哑铃和紧握
- 2.5...在长椅上
- 2.6...三孔杆（Trizpes-Stange）

3. 使用T形杆的划桨练习 36/37
- T-Bar rows
- 3.1 …远握
- 3.2 …单手

4. 哑铃划桨练习 38/39
- One arm dumbbell row/dumbbell bent-over row
- 4.2... 打开
- 4.3...立起身体
- 4.4... 站立，臂部挺直

5. 哑铃上拉练习 40/41
- Dumbell pullover
- 5.2...使用两个哑铃交替动作
- 5.3...与支座平行
- 5.4...使用杠铃

6. 将哑铃举至躯干前方/卧位的垂直外展运动 42/43
- Dumbell lying lateral raise
- 6.1...肘部接近躯干
- 6.2...直臂伸展

7. 提哑铃耸肩 44/45
- Dumbbell schoulder shrug
- 7.2...旋转
- 7.3...使用杠铃
- 7.4...身体前倾

其他练习

- 8. 单手侧拉 46
- 9. 杠杆在背后，直臂 47

器械

10. 在器械上拉伸 48/49
- Lat-machine/pulldown machine
- 10.2...单臂
- 10.3...单手保持在下方

11. 向胸部的拉伸 50/51
- Cable front pulldown
- 11.2...在颈部后方
- 11.3...下握
- 11.4...紧握
- 11.5...卧位
- 11.6...以中度力量握杆/T形杆

12. 利用拉绳做划桨练习 54/55
- Cable seated row
- 12.2...宽握
- 12.3...握住高处的拉绳
- 12.4...单手
- 12.5...以中度力量握住/T形杆

13. 利用器械做划桨动作 54/55
- Seated row machine
- 13.2...宽
- 13.3...单手

14. 站姿、低位拉绳划桨练习 56/57
- Low pulley row
- 14.2...高位拉绳
- 14.3...单手
- 14.4...下握

15. 使用高位拉绳的上拉练习 58/59
- Cable pullovers
- 15.2...使用绳子
- 15.3...使用器械，坐位

16. 有支撑的、利用器械做引体向上练习 60/61

Chin up machine/assisted pull-up

16.2...中等力量握住
- 16.3...单手

17. 单手拉伸练习 62/63

One arm lat-machine pulldowns
- 17.2...坐在地板上
- 17.3...坐姿侧拉

18. 器械上坐姿，水平拉伸肩部 64/65
- Seated rear lateral raise machine
- 18.2...在蝴蝶机上利用肘部练习
- 18.3...在蝴蝶机上以相反方式

其他练习

- 19. 拉绳在背后划十字的练习
- 20. 使用器械内收上臂
- 21. 利用Multipresse做划桨练习
- 22. 在器械上做垂直划桨练习

拉伸训练

- 1.悬在杆上 72/73
- 1.2...在器械上练习
- 2. 抓杆侧旋 74/75
- 3. 头上展臂 76/77
- 4. 四肢着地姿势“祷告姿势”中的伸展 78/79
- 5. 双臂扶杠、身体前屈 80/81
- 6. 双臂扶杠、身体前屈 82/83
- 7. 弯曲上身和颈部 84/85
- 8. 向前伸臂 86/87

奥斯卡·莫伦

运动科学教授、西班牙举重和健美国家队教练、有资质的健身教练、运动营养学家和亚洲竞技运动项目专家。他本人拥有多个健身工作室并担任专业指导，同时又是多个以健身和健美为主题的杂志创办人和出版人，另外他还在国际体育教育联合会（FIEP）中担任要职。奥斯卡·莫汉已出版多本专著并在专业杂志有相当多运动科学方面的发表。

伊莎贝拉·艾利卡巴拉

曾在马德里康斯顿斯大学学习艺术。1982年起，她开始作为绘图画家和图像设计师工作，并在图像信息学方面任教。至今，她已绘制不计其数的儿童和青少年读物、教材并设计了很多扉页画，另外还参与了环境、瑜伽和医学等领域的专业出版物绘图。作为一名图像设计师，她还为很多企业创作了公司标志（LOGO），覆盖了律师事务所以及艺术画廊，甚至还有沙滩餐厅。另外她还设计了不少广告宣传画、卡片、吉祥物和动画。

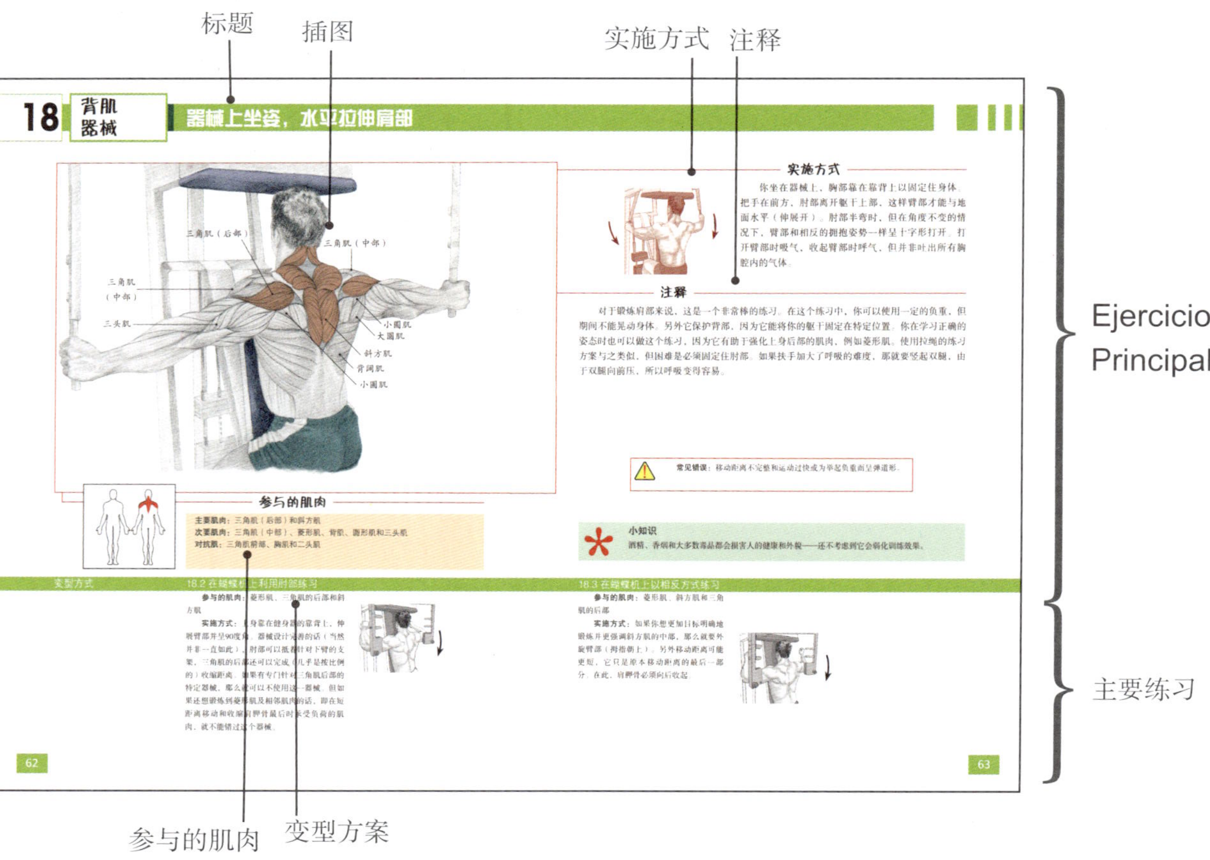

标题
插图
实施方式
注释
Ejercicio Principal
主要练习
参与的肌肉
变型方案
18 背肌 器械
器械上坐姿，水平拉伸肩部
三角肌（后部）
三角肌（中部）
三角肌（中部）
三头肌
小圆肌
大圆肌
斜方肌
背阔肌
实施方式
你坐在器械上，胸部靠在靠背上以固定住身体。把手在前方，肘部离开躯干上部，这样臂部才能与地面水平（伸展开）。肘部半弯时，但在角度不变的情况下，臂部和相反的拥抱姿势一样呈十字形打开。打开臂部时吸气，收起臂部时呼气，但并非吐出所有胸腔内的气体。
注释
对于锻炼肩部来说，这是一个非常棒的练习。在这个练习中，你可以使用一定的负重，但期间不能晃动身体。另外它保护背部，因为它能将你的躯干固定在特定位置。你在学习正确的姿态时也可以做这个练习，因为它有助于强化上身后部的肌肉，例如菱形肌。使用拉绳的练习方案与之类似，但困难是必须固定住肘部。如果扶手加大了呼吸的难度，那就要竖起双腿，由于双腿向前压，所以呼吸变得容易。
常见错误：移动距离不完整和运动过快或为举起负重而呈弹道形。
参与的肌肉
主要肌肉：三角肌（后部）和斜方肌
次要肌肉：三角肌（中部）、菱形肌、背肌、圆形肌和三头肌
对抗肌：三角肌前部、胸肌和二头肌
小知识
酒精、香烟和大多数毒品都会损害人的健康和外貌——还不考虑到它会弱化训练效果。
变型方式
18.2 在蝴蝶机上利用肘部练习
参与的肌肉：菱形肌、三角肌的后部和斜方肌
实施方式：[illegible]身靠在健身器的靠背上，伸展臂部并呈90度角。器械设计完善的话（当然并非一直如此），肘部可以抵着针对下臂的支架，三角肌的后部还可以完成（几乎是按比例的）收缩距离。如果有专门针对三角肌后部的特定器械，那么就可以不使用这一器械。但如果还想锻炼到菱形肌及相邻肌肉的话，即在短距离移动和收缩肩胛骨最后时承受负荷的肌肉，就不能错过这个器械。
18.3 在蝴蝶机上以相反方式练习
参与的肌肉：菱形肌、斜方肌和三角肌的后部
实施方式：如果你想更加目标明确地锻炼并更强调斜方肌的中部，那么就要外旋臂部（拇指朝上）。另外移动距离可能更短，它只是原本移动距离的最后一部分。在此，肩胛骨必须向后收起。
62
63